© 2012 Emilia Machado / Mariucha Rocha / Ninfa Parreiras / Vânia Salek

© Direitos de publicação
CORTEZ EDITORA
Rua Monte Alegre, 1074 – Perdizes
05014-000 – São Paulo – SP
Tel.: (11) 3864-0111 Fax: (11) 3864-4290
cortez@cortezeditora.com.br
www.cortezeditora.com.br

Direção
José Xavier Cortez

Editor
Amir Piedade

Preparação
Vera Ayres

Revisão
Alessandra Biral
Auricelia Lima Souza
Patrízia Zagni

Edição de Arte
Mauricio Rindeika Seolin

Projeto Gráfico
André Neves

Assistente de Arte
Capa: *African tribal art Songye KIFWEBE*
http://artenegro.com/?attachment_id=928

Impressão
EGB – Editora Gráfica Bernardi

Dados Internacionais de Catalogação na Publicação (CIP)
(Câmara Brasileira do Livro, SP, Brasil)

Da África e sobre a África: textos de lá e de cá / Emilia Machado... [et al.]; colaboração de Beatriz Moura, Tatiana Kauss. — 1. ed. — São Paulo: Cortez, 2012.

Outros autores: Mariucha Rocha, Ninfa Parreiras, Vânia Salek

Bibliografia.
ISBN 978-85-249-1903-9

1. África – Civilização 2. África – História 3. Cultura – África 4. Educação 5. Literatura 6. Livros e leitura I. Machado, Emilia. II. Rocha, Mariucha. III. Parreiras, Ninfa. IV. Salek, Vânia. V. Moura, Beatriz. VI. Kauss, Tatiana.

12-03951   CDD-306.43

Índices para catálogo sistemático:

1. Cultura africana: Sociologia educacional 306.43

Impresso no Brasil – junho de 2012

Emilia Machado • Mariucha Rocha
Ninfa Parreiras • Vânia Salek

• Colaboração de
Beatriz Moura
Tatiana Kauss

da África e sobre a África

TEXTOS DE LÁ E DE CÁ

1ª edição
2012

Apresentação

Da **África** e sobre a **África**
de modas e modismos

O continente africano está na moda. Conjunções econômico-políticas, razões históricas, linguísticas e antropológicas apresentaram-se e há algum tempo invadiram os terrenos da arte e da cultura brasileiras como se somente agora passassem a existir. O mercado editorial não ficou de fora, e hoje são muitas as publicações que trazem a África como tema em ensaios ou ficções. A literatura infantil viu-se tomada de assalto por autores e obras em quantidade e qualidade, de modo que hoje temos setores de mercado voltados para esse recorte temático que, entre outros objetivos, deseja valorizar nossa diversidade étnica e recuperar nossas raízes. Simples assim? De forma nenhuma. O universo é imenso, as implicações são inúmeras.

Da África e sobre a África: textos de lá e de cá tem o mérito de tentar organizar esse vasto território, refletir sobre mercado, leitura e educação afro-brasileiros mapeando as circunstâncias em que o tema ressurge, suas razões históricas, suas contradições e seus acertos, ao mesmo tempo que elenca motivos, obras e autores de lá e de cá. Dividido em sete capítulos, ao longo de suas 240 páginas podemos reordenar nossa percepção desse mercado em termos qualitativos e quantitativos. Por que África? Que cultura é essa e em que setores de nossa vida prática ela está mais presente? Qual a sua importância para nosso universo educacional e ficcional? O que o educador como mediador dessa informação necessita saber antes de escolher autores e obras? Que autores africanos clássicos ou contemporâneos podem servir como ponte para a iniciação de um contato maior com a África de língua portuguesa? E quais autores brasileiros se debruçaram sobre o tema com adequação e respeito pelas heranças culturais desse continente?

São muitos os méritos deste livro. Entre eles, o ineditismo e a abrangência da proposta, sua riqueza de *nuances*, sua preocupação em situar pesquisadores, educadores e interessados nas questões cruciais que estão envolvidas quando o que está em jogo é a desconstrução de nossa visão eurocêntrica do continente africano. Da produção ficcional infantil às artes da ilustração, todas as instâncias pelas quais trafegam as publicações até pousarem nas mãos do leitor estão aqui elencadas com critério e ponderação.

As autoras complementam a obra com farta bibliografia crítica e literária, além de importante entrevista e informações de mercado preciosas. *Da África e sobre a África: textos de lá e de cá* nasce como livro-referência, ferramenta de trabalho para quem se aventura nesse terreno fértil e não deseja nem pode nele entrar desavisadamente. Nasce quase como um clássico dessa iniciação e converte-se numa reflexão mais profunda, paradoxalmente avessa, por assim dizer, aos modismos e às circunstâncias.

Suzana Vargas
Escritora e coordenadora da Estação das Letras

Começo de conversa 16

Por que obras da África e sobre a África? 16

Sobre as diversidades 21

O desconhecido na literatura 24

A vez da escola 27

A leitura no Brasil 28

Textos de lá e de cá 32

Sobre livros e autores 33

Precisamos de ficção 35

A literatura: transformação e dúvida 36

O professor como mediador.....37

Ensina-me a viver........39

E aportaram da África 44

Em língua portuguesa 47

Traduzidas no Brasil 59

Entrevista: Zetho Cunha Gonçalves, autor angolano...64

Olhares brasileiros sobre a África 84

Autores pioneiros e suas obras 87

A obra de Joel Rufino dos Santos 96

Autores contemporâneos e suas obras 106

Outros olhares 119

Entrelaçamento de histórias 124

Da *oratura* à literatura 126

Os griôs 129

De letra em letra a história é feita 132

142..............................O jeito de cada um
142.............................A minha família, a sua família
146...........................Tempo, tempo, tempo...
149.........................O mercado e a feira
151......................Mistérios do céu e da terra
157..................A magia da arte
159..............Em busca de harmonia
162............Cores da imaginação
166........Artes em zigue-zague
169....Entre tranças e birotes
174....Sobre leões e aranhas, baobás e borboletas
175.........................Histórias de árvores
180................De mosquito a elefante
184............Bichos de lá e de cá

188.....................Arremate de conversa
188....................Um país antropofágico

192..........Mais informações e pesquisas
192....................Para ler, ver, ouvir e sentir
206................Filmes
207...............Bibliografia
207.....Informativos e teóricos
212...................Ficção e poesia
228....................No mundo virtual

232................................Agradecimentos

234............................Sobre as autoras e colaboradoras

Começo de conversa

Por que obras da **África** e sobre a **África?**

A literatura é uma das artes que mais se propagam entre as pessoas: pela impressão de exemplares, pela possibilidade de edições e reedições das obras, pelos empréstimos, por um livro poder chegar às mãos de milhares de leitores. Durante muito tempo, as histórias e os poemas fizeram parte do patrimônio das civilizações, e eram transmitidos de boca em boca, de geração para geração. Em algumas culturas, essa transmissão oral continua a existir. Desde o advento da impressão gráfica, a partir de 1439, inventada pelo alemão Johannes Gutenberg (1398-1468), as histórias passaram a ficar registradas no suporte de papel, que é o livro, como conhecemos.

Com o atual avanço tecnológico e a possibilidade dos livros digitais, o espaço para os contos e os versos estará garantido nesse novo suporte? Como ficarão as histórias centenárias e milenares que os livros têm registrado e difundido entre os povos? Essas são questões para pensarmos como educadores e adultos envolvidos com a leitura e a literatura.

Um autor pode ficar imortalizado pela literatura. E uma obra pode sobreviver por muitos anos, como as clássicas *Ilíada* e *Odisseia*, fundantes da literatura ocidental.

A literatura infantil tem se desenvolvido e se destacado no mercado editorial brasileiro. Desde o final da década de 1990, o governo federal e os governos municipais e estaduais têm adquirido com frequência obras literárias para as escolas, para as bibliotecas públicas e para os alunos e os educadores das redes públicas de ensino. Em 1998, foi feita pelo governo federal a primeira compra de obras literárias para as escolas públicas brasileiras, por meio do Fundo Nacional de Desenvolvimento da Educação – FNDE. Com isso, certos temas e categorias de obras têm sido o foco dessa produção nos últimos anos, como os recontos, as histórias folclóricas, as literaturas lusófonas, os livros de autoria indígena, as africanidades na literatura, entre outros.

Por que será que vivemos um momento em que a África tem sido tema e foco de produções literárias? Por que as literaturas vindas de lá e a literatura feita aqui sobre esse continente têm sido tão divulgadas? Por que são motivo de interesse de fóruns de discussão? Poderíamos entender como uma tentativa de buscar nossas origens e de compreender a formação cultural do povo brasileiro. E poderíamos entender também como um momento de maior discussão sobre as questões negras no País e sobre as diversidades culturais e étnicas que fazem parte da nossa brasilidade. São muitos os caminhos de entendimento que devem ser discutidos por educadores, autores, editores e profissionais da literatura.

Ao mesmo tempo, 2011 foi o Ano Internacional dos Afrodescendentes, proclamado pela Organização das Nações Unidas para a Educação, a Ciência e a Cultura – Unesco:

> Em 18 de dezembro de 2009, a Assembleia Geral das Nações Unidas proclamou o ano, começando em 1º de janeiro de 2011 como o Ano Internacional dos Afrodescendentes (A/RES/64/169).

O Ano visa o fortalecimento de ações nacionais e regionais, além da cooperação internacional para o benefício das pessoas descendentes de africanos em relação ao total usufruto de seus direitos econômico, cultural, social, civil e político; à sua participação e integração em todos os aspectos políticos, econômicos, sociais e culturais da sociedade, e da promoção de mais conhecimento e respeito por seus patrimônios e culturas diversos.[1]

[1] ANO INTERNACIONAL DOS AFRODESCENDENTES. Disponível em: <http://www.unesco.org/new/pt/brasilia/about-this-office/prizes-and-celebrations/international-year-for-people-of-african-descent/>. Acesso em: 12 dez. 2011.

No primeiro semestre de 2011, a Unesco realizou uma série de atividades no nosso país, como o lançamento da primeira edição em português da COLEÇÃO HISTÓRIA GERAL DA ÁFRICA – HGA, distribuída a 8.000 bibliotecas universitárias e públicas brasileiras. Desde dezembro de 2010, estava disponibilizada *on-line* ao público, gratuitamente, com o apoio e o financiamento do Ministério da Educação – MEC – e a coordenação técnica da Universidade Federal de São Carlos – UFSCAR.

Comemoramos o Dia Nacional da Consciência Negra, no dia 20 de novembro, em homenagem a Zumbi dos Palmares, data da morte desse herói em 1695. Ele foi o líder do Quilombo dos Palmares, o maior foco de resistência negra à escravidão no Brasil. Esse dia é reconhecido desde 2003, quando foi sancionada a Lei nº 10.639, e representa um momento de reflexão e de conscientização sobre a importância do povo africano na formação cultural brasileira.

Em 2011, a Prefeitura da Cidade do Rio de Janeiro, por meio da Secretaria Municipal de Cultura do Rio de Janeiro – SMC, realizou diversas atividades em torno da questão das africanidades. Em julho, organizou África Diversa: I Encontro de Cultura Afro--brasileira, no Centro Municipal de Artes Calouste Gulbenkian, onde aconteceram palestras, oficinas, minicursos, contação de histórias e manifestações artísticas para o público adulto. No final de 2011, foi publicada a edição nº 1 da revista *África Diversa*, com 82 páginas que trazem o resultado do encontro que ocorreu em julho, com textos, fotografias em cores e imagens.

Foi levada ao Rio de Janeiro a exposição África Ancestral e Contemporânea – as Artes do Benim, no Centro Municipal de Artes Hélio Oiticica, com parceria do Museu Afro Brasil e governo de São Paulo. Essa exposição, originária de São Paulo, ganhou uma revista em cores, com 64 páginas, textos, reportagens e fotografias.

Em novembro do mesmo ano, como parte das homenagens a Zumbi, pelo Dia Nacional da Consciência Negra, foi aberta a exposição Ruth de Sousa: 66 Anos Dedicados às Artes Cênicas, no Teatro Carlos Gomes, no Rio de Janeiro. Com a curadoria do Museu Afro Brasil de São Paulo, foi feito um tributo aos 90 anos de vida e aos 66 anos de carreira artística da primeira atriz negra a pisar nos palcos do Teatro Municipal do Rio de Janeiro. Com retrospectiva da vida e da carreira da grande dama do teatro brasileiro, foram exibidos dois vídeos, assim como fotografias, caricaturas, troféus e objetos pessoais. Houve ainda a distribuição da *Revista do Museu Afro Brasil*, nº 4, com reportagem sobre a exposição que homenageou a atriz, dentre outros artigos e matérias sobre africanidades.

Em 2011, foi lançada a COLEÇÃO LITERATURA E AFRO-DESCENDÊNCIA NO BRASIL: ANTOLOGIA CRÍTICA, uma pesquisa de mais de dez anos, que reúne, em quatro volumes, o resultado de um trabalho organizado pelos professores Eduardo de Assis Duarte e Maria Nazareth Soares Fonseca, da Universidade Federal de Minas Gerais – UFMG. Fruto da colaboração de 61 pesquisadores de 21 universidades brasileiras e seis estrangeiras, a obra traz novas formas de pensar a literatura brasileira em relação às produções que retratam a África e o negro. A obra revela ensaios e referências biográficas e bibliográficas sobre cem escritores, dos tempos coloniais até hoje. A coletânea organiza a ainda dispersa reflexão acadêmica atual sobre o tema, num percurso histórico que vai de clássicos (Machado de Assis, Lima Barreto, Cruz e Sousa) a contemporâneos (Nei Lopes, Paulo Lins, Ana Maria Gonçalves), e traz nomes importantes esquecidos (Maria Firmina dos Reis, José do Nascimento Moraes).

Vivemos um momento bastante oportuno para conhecermos e refletirmos sobre as obras vindas de países da África e sobre as obras de temática africana produzidas no Brasil.

 ## Sobre as **diversidades**

Ao analisar um livro que aborda a questão da africanidade (como tema, autoria e foco), o mediador de leitura deve estar atento a alguns aspectos que discutiremos ao longo do nosso estudo. Houve um cuidado do editor em informar de onde veio a história contada? É um reconto ou uma adaptação de história proveniente da África? Ou é uma história inspirada nas tantas culturas desse continente? O que caracteriza a obra com abordagem africana? O autor é africano? Vale a pena trabalhar a obra com os alunos?

Um passo importante seria verificar as informações contidas na obra, caso elas se refiram a algum povo ou comunidade específica. Elas podem ser reconhecidas como verdadeiras pelo povo ou pela comunidade a que se referem?

Há livros, por exemplo, que incluem elementos (artesanatos, bichos) de outras culturas e nações em histórias africanas, equivocadamente. Outros que tratam o negro como único representante étnico da África. Será? Outros que tratam o candomblé como uma religião dos africanos. Por outro lado, há livros que enriquecem o texto com palavras e expressões das diversas línguas faladas na África. Alguns têm o cuidado de trazer um glossário, para facilitar o entendimento. Há de se imaginar que, mesmo dentre os países que têm o português como língua oficial, existam diversos sotaques e regionalismos, como acontece com o português falado no Brasil.

Cabe ressaltar que o conhecimento das diversidades – étnicas, sociais, culturais – é de relevância a todas as crianças. Para tanto, o professor deve estar seguro quanto ao objetivo do seu trabalho com os alunos. E deve conhecer a diversidade característica da África.

Os livros escolhidos para um trabalho em sala de aula devem ser compatíveis com os interesses, a bagagem pessoal e a capacidade cognitiva dos alunos. As crianças gostam de se emocionar com a história, torcer pelo sucesso ou fracasso de alguma personagem e, dessa maneira, enriquecer sua própria realidade. Quando muito pequenas, nos anos da Educação Infantil, as crianças costumam ouvir bem as histórias levadas pelos educadores, cheias de fantasias. Por isso, trabalhar com as obras literárias de modo simples pode garantir um processo de envolvimento das crianças.

Nosso estudo, voltado principalmente para educadores do Ensino Fundamental I e II, pretende apresentar algumas das inúmeras obras de literatura infantil que têm sido publicadas ultimamente, para que os leitores se familiarizem um pouco mais com os hábitos e as culturas de povos africanos. Nossa obra poderá interessar também aos educadores de outros segmentos do ensino escolar, bem como aos pais, pedagogos, estudantes de magistério, contadores de histórias, pesquisadores e demais profissionais envolvidos com a literatura, os livros e a cultura.

Da África e sobre a África: textos de lá e de cá está dirigida aos profissionais interessados na discussão sobre as questões de africanidades, seja pela presença da África na literatura infantil e juvenil brasileira, seja pela procedência de autores, de histórias, de inspirações.

Não concebemos o trabalho com a literatura a partir de faixa etária, por acreditarmos que ela está além de uma divisão por idade. Se a obra é literária, ela poderá ser lida e aproveitada por todos.

É importante estar atento aos interesses e à capacidade de leitura das crianças. Nos anos iniciais do Ensino Fundamental, um livro mais extenso, ou um texto cheio de figuras de linguagem (metáforas, metonímias), pode ser lido em grupo. A leitura em voz alta é importante nos diferentes segmentos da educação escolar.

Assim, aprende-se a ouvir o outro, a respeitar os diferentes ritmos da voz e os sotaques.

Vale dizer que a criança leitora pode gostar ou não de um livro, identificar-se de forma positiva ou negativa com o que lê: com personagens, temas, cenários etc. O diálogo e o debate podem gerar um trabalho proveitoso com as diversidades.

 O desconhecido na **literatura**

O desconhecido, de um modo geral, desperta o imaginário das pessoas. Sobre ele, elaboramos fantasias, fazemos julgamentos apressados ou superficiais, idealizamos ou o demonizamos. Se por um lado o desconhecido, o estranho, pode atrair o interesse, por outro, pode retrair a aproximação e provocar avaliações depreciativas.

Contra os conceitos pré-formulados e equivocados, portanto, nada melhor do que o conhecimento. E a literatura, por ser uma expressão artística, nos abre caminho para as diversidades culturais, o contato com mundos desconhecidos. A literatura confirma as nossas diferenças: dificilmente um mesmo texto será lido de igual maneira por duas pessoas.

Muitas dificuldades em lidar com o estranho e o diferente costumam ser levadas de casa para a escola. A literatura pode apresentar novas realidades à criança: por meio da interpretação, ela pode entender o texto; por meio do campo simbólico – representações, metáforas e outras figuras de linguagem –, ela entra em contato com seu próprio imaginário e o da literatura. Cada criança interpreta uma metáfora de um jeito singular, com sua bagagem e experiência de vida e de leituras.

Um dos objetivos do trabalho sobre a pluralidade cultural, apresentado nos Parâmetros Curriculares Nacionais – PCN, é permitir que cada aluno tenha a oportunidade de conhecer as suas origens e, dessa forma, sentir-se inserido em algum grupo cultural específico. O sentido de pertencimento favorece a constituição de uma auto-estima positiva, o que possibilita à criança expor suas ideias e vivências e orgulhar-se do grupo ao qual pertence. Pode acontecer de maneira contrária, pois o conceito que fazemos de nós mesmos não depende apenas da maneira como nos percebemos. Ele é formado também, e em grande parte, pela maneira como somos percebidos pelos outros. Além disso, não temos consciência de tudo o que nos cerca e de tudo o que faz parte de nós. Há um mundo interno, de afetos, que habita o território do inconsciente, que não acessamos facilmente.

Podemos afirmar que o Brasil se caracteriza pela pluralidade. Nossa cultura e nosso povo foram constituídos pelo entrelaçamento íntimo de matrizes indígenas, europeias, africanas e asiáticas. Isso contribui enormemente para a constituição de um país rico em diversidade cultural. Como a diversidade e a pluralidade estão representadas nas produções literárias?

No passado, houve políticas que visavam à homogeneização cultural, com ênfase na cultura do colonizador europeu. Exemplo disso nos é dado por Roberto Pompeu de Toledo, em entrevista concedida à *Revista Língua Portuguesa*, da editora Segmento, em novembro de 2008. Em seu livro *A capital da solidão – Uma história de São Paulo das origens a 1900*, ele diz que, ainda no século XVIII, o tupi era a língua mais falada em São Paulo, e que o Marquês de Pombal (1699-1782) proibira o ensino desse idioma na capitania. Fatos como esse não impediram que muitos aspectos das culturas dos indígenas que aqui habitavam e dos negros trazidos para o Brasil se mesclassem à cultura do colonizador para formar a chamada cultura brasileira.

Mesmo sendo um país de pluralidade étnica, em que cerca de 45% da população brasileira é constituída por negros e seus descendentes, observa-se nas relações sociais uma supremacia de valores da cultura de origem europeia branca. Valores que se confundem, muitas vezes, com a questão da distribuição de renda, da dicotomia ricos x pobres. As culturas negras e indígenas e as que trazem traços dessas culturas miscigenadas quase sempre são apresentadas como inferiores.

A ignorância é a mãe de todos os preconceitos, reza um ditado. E Hércules, o grande herói grego, descobriu isso muitos séculos atrás, como nos mostra Monteiro Lobato (1882-1948), o patrono da literatura infantil brasileira:

> Hércules [...] nada encontrou em Meioameio que justificasse seu antigo ódio aos centauros. Sim, se eram uns brutos, isso vinha apenas da falta de educação. Que diferença entre eles e os homens sem educação? E Hércules, com toda a sua burrice, "teve uma ideia", talvez a primeira ideia de sua vida: que é a educação que faz as criaturas.[2]

[2]LOBATO, Monteiro. *Os doze trabalhos de Hércules*. São Paulo: Brasiliense, 1952. p. 83. v. 1, 2. v.

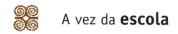 A vez da **escola**

A escola pode ser considerada um microcosmo da sociedade, com todas as suas falhas e virtudes. De fato, trata-se de um espaço de interação cultural, no qual deveriam coexistir respeitosamente diferentes religiões, etnias, realidades linguísticas etc. Caberia à escola, pois, mostrar aos alunos que a pluralidade fortalece a subjetividade de cada um, a cultura e a democracia de um país. Ou seja, a participação dos alunos e educadores seria diversificada e enriqueceria, cada vez mais, o universo cultural de todos nós. Por ser uma das principais instituições responsáveis pela formação de cidadãos capazes de atuar como agentes de transformação social, a escola precisa ter uma participação ativa no que diz respeito às questões sociais que envolvem o cotidiano dos alunos.

Com o objetivo de ampliar o conhecimento sobre nossas matrizes culturais africanas, foi promulgada, em 2003, a Lei nº 10.639, que tornou obrigatório o ensino das culturas provenientes desse continente. Com isso, pretende-se assegurar o reconhecimento e a igualdade de valor das culturas africanas em relação à matriz europeia. Resta-nos pensar se a promulgação da lei tem realizado, de fato, uma mudança de conceitos ante ao que se refere à África.

Como concebemos as produções literárias que vêm da África, seja de países lusófonos, seja de países que têm outras línguas oficiais? Que literatura é essa publicada no Brasil? E que livros são criados por artistas brasileiros de temática africana?

Essas e outras questões serão discutidas, aqui, com a leitura e a análise de obras. Com isso, pretendemos conhecer algumas obras publicadas em países da África, obras traduzidas de autores que escreveram sobre a cultura africana e também obras de autoria de brasileiros. Temos um longo caminho a percorrer que poderá esclarecer dúvidas e equívocos sobre uma produção literária que está em evidência no mercado editorial.

 ## A leitura no **Brasil**

No nosso país, a produção literária, cada vez mais, marca presença na escola, nas bibliotecas escolares e nas atividades dirigidas à infância e à adolescência. A literatura é uma expressão de arte que foi apropriada pelo sistema educacional. Diferentemente do teatro, da música, das artes plásticas, a literatura costuma fazer parte dos conteúdos pedagógicos, em algumas situações como uma disciplina obrigatória da grade curricular. O teatro e a música, por exemplo, fazem parte de atividades extras, de complementação do currículo das disciplinas. O certo é que, pelas leis que regem a educação brasileira, a leitura e a adoção de obras de autores nacionais na escola tornaram-se obrigatórias desde o final da década de 1960.

Muitas vezes, infelizmente, a literatura é transformada em ferramenta para o ensino da sintaxe, da morfologia, das análises gramaticais e da interpretação textual. Esse aproveitamento bastante didático e objetivo da obra pode afastar a criança da literatura, uma vez que, se não acertar os exercícios propostos, ela pode se desinteressar, achar que não entendeu, não apreciar a história.

A sutileza da literatura se dá na formação humanista da criança e do jovem proporcionada pela leitura. Ao tomar contato com um mundo imaginário, inventado, diferente do nosso, realizamos um caminho de subjetivação, nos apropriamos da liberdade, da autonomia do nosso mundo de sentimentos.

No nosso país, há vários estudiosos da leitura que poderão ser pesquisados e conhecidos. Apontamos alguns que há décadas se dedicam ao estudo da leitura literária, a literatura destinada à infância e à juventude. Aproximar-se das obras desses estudiosos ajuda a conhecer um pouco mais a formação leitora no nosso país. Nesse campo de estudos, muitas têm sido as publicações nacionais. É uma área que ganhou espaço e recepção do público no mercado editorial há pouquíssimo tempo. Nas décadas de 1980 e 1990, foram raras as publicações dirigidas aos educadores, autores, editores, especialistas. Poucas são as obras, neste país, que ganham novas edições, ainda mais no campo de pesquisas e estudos sobre a leitura, os chamados ensaios.

Nelly Novaes Coelho, professora da Universidade de São Paulo – USP, autora de inúmeros trabalhos sobre literatura portuguesa, literatura infantil e juvenil e leitura, é uma das pioneiras. É dela o *Dicionário crítico da literatura infantil e juvenil brasileira*, editado por Ibep Nacional.

Marisa Lajolo, professora da Universidade Estadual de Campinas – Unicamp, conta com diversos livros sobre a história da leitura no Brasil, alguns deles escritos juntamente com Regina Zilberman (professora da Pontifícia Universidade Católica do Rio Grande do Sul – PUC-RS). Em coautoria e separadamente, cada uma delas construiu uma produção recomendada aos educadores. *A leitura rarefeita: leitura e livro no Brasil*, da editora Ática, obra feita a quatro mãos por essas duas estudiosas, vale a pena ser conhecida.

Maria Helena Martins, com o pioneiro *O que é leitura*, da editora Brasiliense, faz uma introdução ao universo leitor. A obra poderá ajudar o educador ao trazer esclarecimentos sobre o papel da leitura na sociedade.

Há três obras organizadas por Elizabeth D'Angelo Serra, da Fundação Nacional do Livro Infantil e Juvenil – FNLIJ, que discutem a recepção da literatura infantil: *Ler é preciso* e *Ética, estética e afeto na literatura para crianças e jovens*, com a participação de especialistas, bibliotecários, autores e demais profissionais da área, da editora Global, e *30 anos de literatura para crianças e jovens*, da editora Mercado de Letras.

De Nilma Lacerda, professora da Universidade Federal Fluminense – UFF, recomendamos a obra *Cartas do São Francisco: conversas com Rilke à beira do rio*, da editora Global.

Edmir Perrotti, professor da Universidade de São Paulo – USP, tem também livros e artigos publicados na área, como a obra *Confinamento cultural: infância e leitura*, da editora Summus.

De Ezequiel Theodoro da Silva, professor da Universidade Estadual de Campinas – Unicamp, atuante da Associação de Leitura do Brasil – ALB (organiza o Congresso de Leitura do Brasil – Cole, a cada dois anos, em Campinas), merece atenção a obra *Leitura na escola e na biblioteca*, da editora Papirus.

Suzana Vargas, coordenadora da Estação das Letras, no Rio de Janeiro, criadora das rodas de leitura que fizeram sucesso no Centro Cultural Banco do Brasil – CCBB – e que atualmente são desenvolvidas na Fundação Biblioteca Nacional – FBN, teve sua dissertação de mestrado sobre leitura publicada pela editora José Olympio: *Leitura: uma aprendizagem de prazer*. Dentre outras ações de promoção da leitura, a autora vem com a sua bagagem para nos brindar com reflexões acerca da relação leitura/leitor/livro.

Vale conferir também, da autora Maria Alexandre Oliveira, *A literatura para crianças e jovens no Brasil de ontem e de hoje*, da editora Paulinas; e da autora Maria Alice Faria, *Como usar a literatura infantil na sala de aula*, da editora Contexto. O certo é que há muito material bibliográfico a ser pesquisado antes de escolher a linha de trabalho e atuação como promotor de leitura. Lembre-se: um educador tem uma função social e cultural muito importante.

A leitura literária pode funcionar como uma das ferramentas de transformação do sujeito e contribuir para a elaboração de valores éticos, de modo a possibilitar a construção de novos paradigmas relacionais.

Textos de lá e de cá

Abordaremos obras publicadas no Brasil: traduzidas, de autores nacionais, de autores procedentes de outras nações publicadas em português e outras publicadas em países de língua portuguesa, a título de ilustração. As obras que comentamos são exemplos que podem servir de inspiração para uma pesquisa ou trabalho com a literatura. Ao final, sugerimos, em forma de sinopses, outras obras não analisadas no decorrer do nosso trabalho.

Sobre livros e **autores**

De origem, de influência, de temática africana, o certo é que há uma literatura que tem abordado a África e tudo o que pode se atribuir a ela: a diversidade, a multiculturalidade, as etnias, as tradições milenares, as artes, a culinária, os rituais... Mas, para falar da África, de uma cultura multifacetada, não se pode esquecer de que se trata de um continente antigo, com extensões gigantescas, de tradições culturais variadas, de muitos países, povos, línguas, dialetos, tribos. A África são muitas Áfricas! A África são muitos povos!

Nem todo livro publicado para crianças é de literatura infantil. Em primeiro lugar, há as obras didáticas, para exercícios e atividades escolares. Em segundo lugar, há as obras paradidáticas, que pretendem complementar o trabalho pedagógico, geralmente com livros que são adotados por um período curto do ano letivo, em função da temática etc. Uma obra paradidática não é a mesma coisa que uma obra literária.

Em terceiro lugar, há as obras de não ficção, que trazem informações e são uma espécie de pequena enciclopédia para as crianças e os jovens. São ilustradas e costumam ter uma linguagem fluente.

Em quarto lugar, temos as obras literárias em prosa, como contos, novelas e romances, assim como as obras em forma de teatro e em versos. São livros que nos permitem um contato com um mundo de imaginação, de ficção, de algo que foi inventado. Algo que não reproduz necessariamente a realidade, mas pode questioná-la ou dialogar com ela.

A literatura não traz soluções nem respostas. Por isso, as obras de autoajuda, que se propõem a aconselhar, não são consideradas literárias. A literatura nos coloca a dúvida, tão necessária para não congelarmos valores e conceitos. Devemos ouvir o outro, ver as diferenças que existem ao nosso redor. E, com isso, conhecer melhor a nós mesmos.

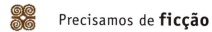 # Precisamos de **ficção**

Somos seres das relações sociais, desenvolvemos amizades, estabelecemos vínculos, criamos vínculos amorosos, cultivamos a família, com todas as diversidades que se apresentam. Um dos aspectos que nos diferem dos animais são os afetos que povoam nosso imaginário, nosso mundo interno: a raiva, o medo, a mágoa, a inveja, a paixão, a alegria, os desejos...

Uma das expressões artísticas que nos colocam em contato com os afetos e os valores, de uma maneira universal, é a literatura. Ao ler um conto, um romance, somos levados ao universo de sentimentos experimentados pelas personagens daquela história. Vivemos situações que não são nossas, sentimos algo que diz respeito à narrativa e passa a fazer parte de nós, da nossa subjetividade, do que nos singulariza.

No caso da poesia, percebemos imagens, somos afetados. Essa capacidade de a literatura nos tocar está além das características regionais, das línguas, das barreiras culturais. Por isso, ainda nos emocionamos com a leitura de histórias de outros povos e culturas, ainda que os textos tenham sido escritos centenas de anos atrás.

A literatura: **transformação e dúvida**

Mario Quintana (1906-1994) dizia que os livros não mudam o mundo, mas mudam as pessoas. As pessoas é que mudam o mundo.

Uma pessoa não termina de ler uma obra literária com a mesma bagagem emocional e cultural de quando a começou. Uma boa história permite que o leitor viva outras vidas, em realidades semelhantes ou diferentes das suas; permite que ele entre em contato com personagens cujos sentimentos podem ser identificáveis ou não. O leitor constrói um universo próprio de sentidos e sensações. Sua visão de mundo vai, pouco a pouco, sendo ampliada e modificada, suas opiniões a respeito das pessoas e dos sentimentos encontram-se em permanente construção. Isso não significa que o leitor tenha se tornado melhor ou pior. Ele será ele mesmo, com questões subjetivas diferentes diante da obra que leu e diante do seu cotidiano de relações e de compromissos. Poderá entender um medo, aproximar-se de alguma coisa nova. E poderá compreender o outro, diferente de si, com uma escuta respeitosa.

No contato com a poesia, o leitor experimenta sensações, depara-se com imagens, com uma estética que traz entretenimento. A poesia assemelha-se ao sonho, pelo caráter condensado das imagens presentes nos versos. Ao lê-los, uma palavra, um ritmo, pode nos levar a uma gama de sentimentos e de associações.

Para que a obra literária possa cumprir seu papel de formação de agentes transformadores é importante que traga desafios ao leitor. Que o faça pensar, que estabeleça com ele uma relação afetiva, seja pela identificação com os fatos narrados, seja pelo tema, seja por alguma personagem, seja por uma não identificação que abre a possibilidade de criação de outras identificações a serem construídas, na singularidade de cada leitor.

 O professor como **mediador**

Segundo o historiador Joel Rufino dos Santos[3], o Brasil se crê moderno, mas o arcaico está por toda parte. Aprofundar o conhecimento sobre a cultura brasileira com o estudo da história dos povos indígenas e africanos é uma novidade que tem provocado mudanças nas perspectivas dos relatos sobre a história do Brasil. A produção acadêmica, atualmente, tem se dedicado à desconstrução da visão eurocêntrica da cultura brasileira e à recuperação de nossas raízes histórico-culturais, com a valorização da diversidade étnica que nos constitui.

[3]SANTOS, Joel Rufino. *Quem ama literatura não estuda literatura*. Rio de Janeiro: Rocco, 2008. p. 99.

Para ajudar a cumprir essa função, foi criada, em 2003, a Lei nº 10.639/03, que obriga as escolas a incluir o ensino de História e Cultura Afro-Brasileira no currículo escolar, o que suscitou algumas questões polêmicas e dificuldades para os professores. Questões e dificuldades inerentes à abordagem de temas mais subjetivos do que objetivos, mais próximos às relações sociais e afetivas do que ao conhecimento científico. Como trazer para a sala de aula temas de tamanha magnitude, que refletem diferentes visões de mundo, de valores, de maneiras de se relacionar com o outro?

O professor atento, porém, perceberá que o Brasil arcaico e moderno, mencionado por Joel Rufino, encontra-se em sua própria comunidade escolar, em que as diferenças existentes, muitas vezes, se expressam na exclusão.

Dentro dessa comunidade, como o professor identifica a si mesmo? Como identifica seus alunos? E colegas de trabalho (professores, coordenadores, diretores, serventes, cozinheiros)? Será que conhece as referências culturais de todos, alunos e companheiros de trabalho? Esse é o tipo de ciência que não se adquire apenas com a formação acadêmica do magistério. Pelo contrário, é aprendida no dia a dia, na convivência com os demais membros da escola. É indispensável, portanto, que o professor esteja disposto, sempre que necessário, a reformular seu pensamento diante das dificuldades que a sociedade apresenta ao lidar com as diferenças e estar atento ao conceito de inclusão.

Mitos, costumes, crenças e valores podem ser facilmente levados ao ridículo quando a falta de informação sobre eles prevalece. Cabe ao professor perceber e se perguntar que manifestações surgem quando a proposta é o conhecimento de lendas que são frutos das narrativas da herança africana ou indígena. Como os diversos cultos religiosos, presentes na sociedade brasileira atual, se contrapõem a lendas como a do Saci-Pererê e do Curupira, tão enraizadas no imaginário de nosso povo?

Se não conhecermos os diversos deuses de povos indígenas, muitas vezes simbolizados na Mãe Terra, e as inúmeras entidades da floresta que criaram tantos mitos originários de suas culturas, e, se também não conhecermos as histórias míticas de povos africanos, como poderemos entender, com justificativa antropológica, a resultante do encontro dessas culturas? E, principalmente, como poderemos fazer uma escolha sem tendenciosidade?

Assim como, durante séculos, os europeus se fizeram apreciar ao disseminar relatos sobre sua história pelo mundo que conquistavam, devemos conhecer também a profundidade das tradições trazidas até nós por aqueles que um dia habitaram o continente africano.

Um dos facilitadores propostos para enriquecer esse conhecimento seria a utilização da literatura em sala de aula. Para isso, o professor deve ter acesso à produção editorial sobre os assuntos que deseja abordar, de modo a se familiarizar com os conteúdos que possam auxiliá-lo na desconstrução de estereótipos que permeiam as relações entre as crianças e, consequentemente, na construção de novos paradigmas.

 Ensina-me a **viver**

No mundo contemporâneo, adultos e crianças são submetidos, diariamente, a um verdadeiro bombardeio de informações, vindas de diversas fontes: noticiários de TV, jornais, revistas, livros-reportagem, documentários, anúncios, sem falar no universo virtual da internet. Será que sobra tempo para o lazer e a reflexão?

No entanto, na infância, as brincadeiras e o contato com manifestações de arte (histórias, cantigas, peças de teatro, filmes etc.) são elementos de suma importância para a constituição da subjetividade. Ao ler um livro de história ou de poesia, a criança é sujeito desejante, porque se vê diante de um material que abre caminhos de imaginação. Ela sonha, associa, brinca. No contato com a literatura, afirma sua alteridade diante do mundo, do que há ao seu redor.

Em artigo intitulado *Aspectos instigantes da literatura infantil e juvenil*, o escritor Ricardo Azevedo[4] ressalta que "o jovem leitor e cidadão, dentro ou fora da escola, pode ser introduzido, através da ficção e do discurso poético, à abordagem dos temas humanos da vida concreta não idealizada, portanto necessariamente relacional, diversificada e complexa".

[4]In: *O que é qualidade em literatura infantil e juvenil – Com a palavra o escritor*, organizado por Ieda de Oliveira, p. 34-35.

Ao abordar temas concretos e da vida real, ainda que no plano ficcional e simbólico, a literatura tem o dom de transformar as pessoas. Talvez a palavra-chave (ou expressão-chave) que favoreça a transformação seja "relação afetiva". A leitura feita com prazer e comprometimento com a história, tema e personagens permite que o leitor vivencie experiências semelhantes ou diferentes das suas, independentemente de fazerem ou não parte de seu cotidiano. Na escola, para que isso aconteça, é necessário que o professor escolha um texto que seja do seu agrado, tanto pelo conteúdo quanto pela forma como foi escrito. O entusiasmo do professor, durante a leitura em sala de aula, poderá ser transmitido aos alunos.

Na obra *Leitura: uma aprendizagem de prazer*, a professora e poeta Suzana Vargas sugere que os textos escolhidos para esse tipo de trabalho sejam curtos – como as inúmeras obras apresentadas, analisadas e sugeridas neste livro –, curiosos, informativos e bem escritos, de modo a permitir sua utilização para fins didáticos.

A partir da formulação de perguntas motivadoras, o professor será capaz de despertar o interesse dos alunos, de verificar o grau de compreensão de cada um, além de perceber de que maneira eles se posicionam diante de tal ou qual situação apresentada na história. Os alunos também poderão ser transformados em "coautores", caso sejam solicitados a dar outro rumo ou final à história lida.

Num trabalho feito em sala de aula, o professor pode propor um debate em que todos os alunos tenham a oportunidade de expor seus pontos de vista e conceitos éticos. O professor deverá respeitá-los, sem querer impor seus próprios valores. Poderá, sim, apresentá-los às crianças como mais um ponto de vista possível. Quais sentimentos o texto provoca? Alguma personagem em particular chamou a atenção? Ao estimular e favorecer que os alunos exponham suas opiniões a respeito das obras lidas, o professor terá oportunidade de conhecer melhor a realidade de cada um.

Ao suscitar opiniões, debates, emoções, depoimentos de natureza pessoal ou não, que podem ser compartilhados por professores e alunos, incluindo suas famílias, o professor ajudará o aluno a perceber que "ler literatura significa ler a vida"[5]. É bom lembrar que os conflitos e discordâncias também abrem caminho à construção de valores, na medida em que propiciam o respeito à troca de ideias.

Os dados obtidos a partir dessas discussões poderão servir de base para o professor traçar outros planos de atuação. O professor poderá pedir, por exemplo, para que os alunos atentem aos detalhes dos textos ou das ilustrações que deem pistas sobre o clima, a vegetação, a língua, alimentação ou até mesmo das artes, do local onde a história se passa. O texto diz em que país a história acontece? Se disser, melhor ainda. A partir dessas observações, poderá ser proposta a elaboração de projetos interdisciplinares – com a participação de professores de História, Artes, Música etc. – que permitirão aos alunos aprofundar seus conhecimentos. O produto final resultante desses projetos – livro, filme, dramatização, entrevista, o que os alunos escolherem – também poderá servir como ponto de partida para novas aprendizagens ou novos projetos.

Segundo a professora Teresa Colomer, da Universidade Autônoma de Barcelona, a literatura infantil e juvenil que cumprir os dois objetivos, o educativo e o literário, pode ser sancionada pelos adultos como literatura infantil e juvenil de qualidade.[6]

---

[5] VARGAS, Suzana. *Leitura: uma aprendizagem de prazer.* Rio de Janeiro: José Olympio Editora, 2009. p. 42.

[6] COLOMER, Teresa. *A formação do leitor literário.* São Paulo: Global, 2003. p. 164.

Por isso, é importante ter em mente que o processo de construção do conhecimento não pode se limitar ao acúmulo de informações objetivas, embora elas sejam igualmente importantes. A escola deve permitir que o aluno tenha consciência das tradições que constituem a totalidade a que ele pertence, e a literatura, infantil e juvenil, em suas diversas formas, vem se consolidando como instrumento socializador de uma cultura. Essa consciência será de grande valia para a defesa da tolerância às diferenças.

E aportaram da África

Desde a instituição da Lei nº 10.639/03, citada anteriormente, que obriga a incluir no currículo oficial da rede de ensino a temática História e Cultura Afro-Brasileira, as editoras de livros para crianças e jovens têm criado coleções e publicado obras que contemplam essa necessidade nas escolas.

No Brasil, têm sido publicadas muitas obras de autores da África, tanto da Comunidade dos Países de Língua Portuguesa – CPLP – quanto de outros países. Há também autores não africanos que escreveram em língua portuguesa, além de textos traduzidos.

Trataremos aqui de obras africanas em língua portuguesa, publicadas no Brasil. Algumas sofreram adaptação para a linguagem brasileira. Outras apresentam um glossário (traz palavras específicas do país do autor da obra – de uso corrente nesse país ou de línguas de etnias desse país – que sejam desconhecidas para leitores de outros países de língua portuguesa). Trataremos também de obras traduzidas publicadas no português do Brasil. A diversidade temática e de expressões marca essa produção literária para as crianças e os jovens.

Destacamos alguns trabalhos ainda não publicados, que merecem ser conhecidos do público, pelo caráter histórico e literário, além da diversidade de textos (poemas ou contos) e de autores.

Os autores angolanos João Melo e Zetho Cunha Gonçalves são organizadores da *Antologia do conto angolano*, que reúne mais de trinta escritores de Angola, de épocas diferentes e de estilos bastante diversificados. Na introdução, os organizadores traçam um histórico da literatura angolana, com o devido reconhecimento aos pioneiros Agostinho Neto (1922-1979) e António Jacinto (1924--1991). Há textos de autores que conhecemos por serem publicados no Brasil, como: Luandino Vieira; Manuel Rui; Ruy Duarte de Carvalho; Pepetela; Paula Tavares; José Eduardo Agualusa; Ondjaki, além de João Melo e Zetho Cunha Gonçalves.

Há as antologias, organizadas por Zetho Cunha Gonçalves, que trazem textos de autores consagrados dos seus respectivos países: *Poesia de Cabo Verde; Poesia da Guiné-Bissau; Poesia de Moçambique; Poesia de São Tomé e Príncipe* e *Antologia da poesia africana de língua portuguesa* (esta última organizada em parceria com Luís Carlos Patraquim). Quem sabe, brevemente, poderão ser publicadas no Brasil.

E há também as antologias de poesia do mar organizadas pela professora Carmen Lucia Tindó Secco, da Universidade Federal do Rio de Janeiro – UFRJ. Merecem ser consultadas pelos educadores: *SECCO*, Carmen Lucia Tindó Ribeiro (coordenadora), *Antologia do mar na poesia africana de língua portuguesa do século XX – vol. I: Angola, vol. II: Cabo Verde, vol. III: Moçambique, São Tomé e Príncipe, Guiné-Bissau*. Rio de Janeiro: UFRJ, Coordenação dos Cursos de Pós--Graduação em Letras Vernáculas e Setor de Literaturas Africanas de Língua Portuguesa, 1999.

Em língua **portuguesa**

O que caracterizaria a produção editorial de livros de autores de língua portuguesa da África? O culto aos mitos? O folclore local? A natureza? Alguma aproximação com a produção brasileira? No capítulo Entrelaçamento de histórias, trabalharemos algumas abordagens presentes nas criações literárias africanas associadas a outras de obras nacionais.

Na década de 1960, mais especificamente em 1961, surgiu em Angola um movimento anticolonial, com os partidos da luta armada: o Movimento Popular de Libertação de Angola – MPLA, a Frente Nacional de Libertação de Angola – FNLA – e a União Nacional para a Independência Total de Angola – Unita. A Guerra Colonial Portuguesa teve início nesse período. Em Moçambique, as operações de guerrilha começaram também na mesma década, em 1964.

Os movimentos políticos anticolonialistas que lutaram pela independência de Angola são os mesmos que, logo após a independência, se envolvem com a guerra civil: a Frente Nacional de Libertação de Angola, dirigida por Holden Roberto; o Movimento Popular de Libertação de Angola, chefiado por Agostinho Neto (que veio a ser o primeiro presidente do país livre), e a União Nacional para a Independência Total de Angola, presidida por Jonas Savimbi.

O movimento União dos Povos de Angola – UPA – chamou-se, primeiramente, em 1957, União dos Povos do Norte de Angola – UPNA. Em 1958, passou a chamar-se União dos Povos de Angola – UPA. E, em 1961, com outro grupo anticolonial, o

Partido Democrático de Angola – PDA, formou a Frente Nacional de Libertação de Angola – FNLA.

Após a morte de Salazar, Portugal concedeu, em 1972, a autonomia a Angola e a Moçambique. Após a Revolução dos Cravos, em 1974, a situação colonial dos dois países rapidamente se degradou e os portugueses concordaram em conceder independência a essas colônias em 1975. Em Angola, logo após a independência, uma guerra civil dividiu as forças de libertação e conduziu rapidamente ao despedaçamento e à ruína do país em pleno desenvolvimento, rico em petróleo, diamantes e ferro. Em Moçambique, a Frente de Libertação de Moçambique – Frelimo – tomou o comando do país, e logo depois, em 1976, se desencadeou uma guerra civil. A disputa política entre Frelimo e a Resistência Nacional Moçambicana – Renamo – durou até 1992.

O processo de descolonização também ocorreu na Guiné-Bissau, onde os portugueses não conseguiram travar o aumento das hostilidades. Em 1975, houve a independência de Guiné-Bissau, Cabo Verde e das ilhas de São Tomé e Príncipe.

Uma informação a mais é que a guerra anticolonialista se deu em terras continentais: Angola, Moçambique e Guiné-Bissau. Depois da independência, Guiné-Bissau sofreu golpes de Estado e passou por vários conflitos. As ilhas de Cabo Verde e de São Tomé e Príncipe não foram palco da guerra contra os portugueses, nem passaram por guerras civis.

Essas mudanças políticas refletiram-se na busca por uma identidade, nas expressões culturais de cada país. Com isso, autores e historiadores ganharam voz e começaram a criar textos que inauguram uma produção livre do jugo colonial. Muitos escritores precisaram sair dos seus países por questões políticas ou ideológicas, e conseguiram manter uma produção literária testemunha dessa situação histórica. Muitas das obras direcionadas ao público infantil e publicadas no nosso país são registros desse importante marco histórico para as ex-colônias portuguesas da África.

Há pouco tempo, os editores brasileiros começaram a publicar textos de escritores dos países da África para o público de crianças e jovens. Na década de 1980, a editora Ática, de São Paulo, publicou algumas obras desses autores, como as dos angolanos Luandino Vieira e Pepetela, e também a do moçambicano Luís Bernardo Honwana, revelando, assim, uma coleção maravilhosa de autores africanos de língua portuguesa. Infelizmente, alguns livros não foram reeditados e não os encontramos nas livrarias. Podemos ter acesso a eles por meio de consultas em bibliotecas ou comprando-os em sebos de livros.

Mais recentemente, a Ática publicou *Para gostar de ler – Contos africanos dos países de língua portuguesa*, que reúne dez narrativas de autores de diferentes países: Albertino Bragança (são-tomense); Boaventura Cardoso, José Eduardo Agualusa, Luandino Vieira e Ondjaki (angolanos); Luís Bernardo Honwana, Mia Couto e Nelson Saúte (moçambicanos); Odete Costa Semedo (guineense); e Teixeira de Sousa (cabo-verdiano). Essa obra traz contos de estilos e temáticas diversas, com histórias de Angola, Cabo Verde, Guiné-Bissau, Moçambique e São Tomé e Príncipe. Organizado por Rita Chaves, professora de Literaturas Africanas de Língua Portuguesa da Universidade de São Paulo – USP, o que há de interessante nesse livro é a reunião de narrativas que representam uma diversidade cultural e linguística. A abertura do capítulo referente a cada país tem uma pequena introdução que prepara o leitor para o relato das diferentes nações. Biografias acompanhadas de fotografias de cada autor, ilustrações e ainda um apêndice e uma bibliografia de referência enriquecem a leitura. A literatura desses povos reflete a história dos países, repleta de guerras, de conflitos e de mudanças sociais. Cada país tem a sua particularidade, a sua história.

Percebemos que questões como a idealização da cultura popular ou a valorização de expressões de determinados povos não estão presentes. O que há é a denúncia de conflitos, a presença de minas nas terras, o poder concentrado nas mãos de poucos e o estado de abandono de alguns países. Tudo isso construído em meio a metáforas e muita fantasia. O foco temático é bastante diferente do que os autores brasileiros abordam em suas obras sobre a África.

Por sua vez, a linguagem comparece como uma questão de honra e de luta a favor da manutenção de características milenares e singulares de cada povo: ditos populares, crenças e uma concepção própria de vida e morte. Além disso, os textos foram mantidos no português de cada país, com suas expressões idiomáticas e seus hibridismos com as línguas nativas de alguns desses países.

Editoras como a Língua Geral, criada em 2006, no Rio de Janeiro, têm se dedicado a uma produção de obras de autores de países de língua portuguesa da África, principalmente de Angola e Moçambique. A Coleção Mama África traz cinco obras ilustradas também por artistas africanos: *Debaixo do arco-íris não passa ninguém*, texto de Zetho Cunha Gonçalves (angolano), ilustração de Roberto Chichorro (moçambicano); *O beijo da palavrinha*, texto de Mia Couto (moçambicano), ilustração de Malangatana (moçambicano); *O filho do vento*, texto de José Eduardo Agualusa (angolano), ilustração de

António Ole (angolano); *O homem que não podia olhar para trás*, texto de Nelson Saúte (moçambicano), ilustração de Roberto Chichorro; e *O leão e o coelho saltitão*, texto de Ondjaki (angolano), ilustração de Rachel Caiano (portuguesa). Além dessa coleção, a Língua Geral conta com novelas e romances de autores da África que valem a pena ser conhecidos. As obras trazem uma identidade, um propósito de revelar autores de língua portuguesa dos diversos países que falam nossa língua.

A editora Pallas, do Rio de Janeiro, desde 1980 conta com um catálogo de obras de autores nacionais e africanos (de língua portuguesa e traduzidos), dedicadas à discussão sobre nossas origens étnicas (ensaios, biografias, estudos e também literatura), de autoria de antropólogos, escritores, historiadores, etnólogos e cientistas sociais. Há livros para todas as idades (crianças, jovens e adultos).

No seu catálogo de literatura infantil e juvenil, foi identificado que a maioria das obras é de autoria de brasileiros. Já no catálogo de literatura para adultos, obras dos angolanos Ondjaki e Paula Tavares e do guineense Abdulai Sila, além, é claro, de biografias, de estudos étnicos e sociais.

Um destaque para *Contos do mar sem fim*, que reúne textos de cinco autores de Angola (Dario de Melo, Fragata de Morais, João Melo, Jorge Arrimar, Luandino Vieira); quatro da Guiné-Bissau (Andréa Fernandes, Olonkó, Tambá Mbotoh, Uri Sissé) e sete do Brasil (Conceição Evaristo, Cuti, Esmeralda Ribeiro, Lima Barreto, Machado de Assis, Maria Firmina dos Reis, Oswaldo de Camargo). O que há de comum entre as narrativas é a língua portuguesa, pois cada conto tem uma particularidade do seu autor, do seu país. É uma obra que pode contribuir para a formação leitora dos educadores e demais interessados.

Companhia das Letrinhas, Melhoramentos, Matrix, Gryphus e Ática são algumas editoras brasileiras que têm publicado autores africanos, de língua portuguesa.

Pepetela, que na língua umbundu significa 'pestana', foi o codinome adotado pelo militante do Movimento Popular de Libertação de Angola – MPLA, Artur Carlos Maurício Pestana dos Santos, durante a guerra de independência. Nascido em Benguela, em 1941, atualmente é professor de Sociologia na Universidade Agostinho Neto, em Luanda. Entre 1975 e 1982, após a independência de seu país, ocupou o cargo de vice-ministro da Educação.

Considerado um dos principais escritores africanos da atualidade, em 1997 recebeu o Prêmio Camões pelo conjunto de sua obra, que "revela um levantamento sociológico ímpar de Angola e da angolanidade, em uma epopeia fragmentada", como nos diz Zetho Cunha Gonçalves em seu prefácio para a *Antologia do conto angolano*, obra ainda inédita no Brasil. Autor de mais de uma dezena de livros, Pepetela tem alguns títulos editados no Brasil. O mais antigo deles, *A gloriosa família: no tempo dos flamengos*, foi concluído em 1997 e publicado em 1999. Conta a história da família de Baltazar Van Dum e se passa em Angola, no período compreendido entre 1642 e 1648. Nesses anos, os mesmos holandeses que ocuparam o Brasil invadiram Luanda, em busca de escravos que deveriam ser enviados para as lavouras brasileiras de cana-de-açúcar.

Ao fazer uso de alguns documentos oficiais escritos por historiadores e cronistas da época e, ao mesmo tempo, transformar um dos escravos do senhor Van Dum em narrador dos acontecimentos, os conflitos entre holandeses, portugueses e sobas angolanos ganham uma multiplicidade de pontos de vista, o que retira da obra qualquer viés maniqueísta.

Admirador de autores brasileiros como Graciliano Ramos (1892-1953), José Lins do Rêgo (1901-1957) e Jorge Amado (1912-2001), Pepetela presta uma homenagem explícita a Jorge Amado dando o nome de Nacib (personagem de *Gabriela, cravo e canela*) a uma das personagens de *Predadores*, romance concluído em 2005 e editado no Brasil em 2008. Com idas e vindas no tempo, o romance traz um vigoroso painel da história angolana pós-independência, no período compreendido entre 1974 e 2004.

Assim como Machado de Assis (1839-1908), Pepetela conversa com o leitor sobre a maneira de construir seu texto[7]:

> Qualquer leitor habituado a ler mais que um livro por década pensou neste momento, pronto, lá vamos ter um *flashback* para nos explicar de onde vem este Vladimiro Caposso e como chegou até o que é hoje. Desenganem-se, haverá explicações, que remédio, mas não agora, ainda tenho fôlego para mais umas páginas sem voltar atrás na estória, a tentar a História.

[7] *Predadores*. Língua Geral, 2008. p. 21.

Na edição brasileira, foram mantidas as particularidades lexicais, sintáticas e ortográficas da língua portuguesa usada em Angola, o que dá, para nós, brasileiros, um sabor ainda mais especial ao texto.

Em *O planalto e a estepe*, concluído em 2008 e publicado no Brasil em 2009, Pepetela reinventa o amor proibido de Romeu e Julieta, transportando-o para a realidade angolana, desde a década de 1960 até os dias de hoje.

O romance, baseado em fatos verídicos, mostra a distância que há entre discursos ideológicos e palavras de ordem, e o dia a dia das pessoas, ainda que estas compartilhem do ideal de um mundo mais justo.

No panorama atual da literatura escrita em língua portuguesa, Pepetela é um autor indispensável em qualquer biblioteca, tanto pela qualidade estética de seus textos quanto pelo conteúdo de sua obra.

Ondjaki é o pseudônimo do escritor Ndalu de Almeida, nascido em Luanda, em 1977. Com mais de quinze obras publicadas em prosa e em poesia, três delas para crianças, ele tem participado de atividades literárias, festivais e feiras de livros. Atualmente reside entre o Brasil e Angola e conta com uma obra premiada e traduzida em alguns países.

Os da minha rua, de sua autoria, nos coloca em contato com um tempo único: das descobertas de um menino na Angola de três décadas atrás. Seus camaradas de rua, de escola, seus familiares. Ao mesmo tempo, nos coloca em contato com a particularidade da nossa infância, dos medos e dúvidas. Vale a pena contar para alguém daquela paixão? Como pode ser inesquecível a ida à casa de um tio! As roupas que aproveitamos, os quedes velhos, as frutas verdes com sal, os programas na televisão, um refrigerante no domingo. Coisas e instantes que voltam, carregados de afetos.

Para onde vai a infância de cada um de nós? Para os álbuns de fotos? Para os guardados das gavetas? A infância é um tempo que não nos perde, principalmente se a buscamos: seja na literatura, seja nas páginas que passamos da nossa história. Nos dias que se foram e ficaram dentro de nós.

Na escrita de Ondjaki, reencontramos nossa língua, com sabor de Angola, com ares de infância. São contos curtos como o tempo que passa e nos deixa com vontade de ler mais. Surgem segredos, coisas sonhadas e caladas. Logo, inaugura-se uma cumplicidade entre autor e leitor, a escrita de um novo texto que nasce com a experiência de quem lê.

A partir de pequenas situações, de passageiras coisas, o autor ultrapassa o oceano e atinge a escrita subjetiva, com toques líricos, com linguagem suave, numa língua universal, capaz de tocar o gosto de crianças, adolescentes e adultos. Os da minha, da tua, da sua, da nossa rua chegam para encantar e cantar na língua tão nossa, tão familiar!

Zetho Cunha Gonçalves, angolano, residente em Portugal, escritor, antologista e bibliófilo, conta com três obras para crianças publicadas no Brasil: *Debaixo do arco-íris não passa ninguém, A caçada real* e *Brincando, brincando não tem macaco troglodita*.

A primeira delas apresenta um texto em drama que envolve diferentes vozes de animais, no confronto com o poder e a disputa. Ironia e irreverência marcam o texto de Zetho. É certamente a única obra em texto teatral, de autor africano de língua portuguesa, publicada para crianças no nosso país.

Por sua vez, a segunda obra traz poesia para crianças, de um autor africano de língua portuguesa, publicada por editora brasileira. Em versos lúdicos e cheios de sonoridades, palavras se repetem em musicalidade. As ilustrações feitas de pinceladas por Chichorro confirmam a vocação desse artista para os livros infantis, com lirismo e ludicidade.

Em *O coelho que fugiu da história*, Rogério Manjate, escritor e ator moçambicano de Maputo, nos traz o coelho que é protagonista de muitas histórias da narrativa oral de Moçambique. Ele representa a inteligência e a astúcia.

O autor reproduz a estrutura de contos populares. A menina Mbila narra histórias para seu próprio coelho, numa tentativa de reconhecê-lo como o outro: o arguto das narrativas da sua mãe. No entrelaçamento dessas histórias com fatos do seu cotidiano, aos poucos, ela reconstrói seu conhecimento. A verossimilhança construída na relação da menina com o animal nos leva a um universo de fantasias. O texto mantém expressões da língua falada em Moçambique e as que se diferenciam do português do Brasil estão explicadas em glossário.

A obra *O homem que não podia olhar para trás*, de Nelson Saúte, escritor e professor moçambicano, traz uma fábula moderna e narra a peregrinação de Abdula Mussa por cidades como Nacala e Nampula, no norte de Moçambique. Em sua caminhada percorre a trajetória histórica daquele país, com suas guerras, lutas e misérias. Os autores são de Maputo, capital de Moçambique. As telas do artista plástico Roberto Chichorro compõem o texto poético de Nelson Saúte. Chichorro é considerado um dos grandes artistas plásticos africanos de língua portuguesa. Sua paleta de cores, carregada de luminosidade e de vibrações, encanta pelas expressões, pelos sentidos que suas imagens nos evocam.

Em seu percurso, Abdula ouve conselhos de passarinhos e encanta-se por uma rica mulher, Halina, que o adverte: "Nunca deves olhar para trás". Sem dúvida uma bela metáfora para um país de tantas lutas.

O filho do vento, de José Eduardo Agualusa (escritor angolano, um dos idealizadores da editora Língua Geral), é uma história inspirada num conto tradicional dos povos koi-san. Esse povo, ocidentalmente conhecido como os bosquímanos, foi mostrado por Rogério Andrade Barbosa em seu livro *Kalahari* e descrito como habitantes que vagueiam pelo deserto.

Em tempos que os animais do deserto eram humanos, até mesmo o filho do vento era um ser humano. Numa sucessão de narrativas, Agualusa recria a relação do filho do vento, que se transforma em pássaro, com os humanos, para assim descrever elementos da criação do mundo. Do encontro vento-pássaro e humanos surgem as estrelas, a Lua e o amor vistos pelos primeiros homens, os koi-san.

O ilustrador Antonio Ole é um artista plástico angolano de reconhecimento internacional. Suas telas em guache imprimem vida e originalidade à narrativa, em alinho com a proposta editorial da COLEÇÃO MAMA ÁFRICA, que pretende unir arte à literatura, assim como tradição à modernidade.

A árvore dos gingongos, da angolana Maria Celestina Fernandes, traz uma narrativa sobre os gêmeos. Em várias regiões da África, eles são vistos como seres sobrenaturais. Na apresentação do livro, a escritora Edna Bueno diz que existe uma narrativa mitológica do povo quimbundo em que os gêmeos ancestrais, Mpènba e Ndèle, foram os primeiros habitantes de Angola.

A autora Maria Celestina, como descendente do povo quimbundo, se inspira nesse mito para criar sua história de gêmeos, os gingongos. A edição manteve o texto original com as particularidades da língua portuguesa falada em Angola: mistura de expressões de múltiplas línguas de sua cultura.

Manuel Rui, escritor que, quando retornou a Angola em 1974 ocupou o cargo de Ministro da Informação do Governo de Transição, tem a obra *Quem me dera ser onda*, uma novela que pode ser lida por adolescentes e adultos. O livro, sem ilustrações, apresenta--nos a relação entre crianças e um porco. Ingenuidade e afetividade estão presentes nessa narrativa recheada de críticas sociais e políticas.

Lembramos a obra *Angélica*, da autora brasileira Lygia Bojunga, com a presença de um porco e de uma cegonha. Ambas as histórias trazem verossimilhanças que nos levam a entrar nas narrativas, a nos envolver com humanos e animais e a sentir na pele questões que fazem parte do dia a dia, mas que são, por vezes, tão difíceis de serem abordadas entre as pessoas.

A FNLIJ criou o Prêmio Literatura em Língua Portuguesa, que tem revelado obras e autores da África, como: *O gato e o escuro* (2008), texto de Mia Couto, um dos principais autores moçambicanos da atualidade, ilustrado por Marilda Castanha, uma narrativa bem dirigida às crianças sobre o medo; e *AvóDezanove e o segredo do soviético* (2009), texto de Ondjaki, publicado pela editora Cia. das Letras. Essa novela, que poderá ser lida por adolescentes e adultos, mostra um recorte de uma época histórica em Luanda: as relações familiares e sociais, os colegas, as intervenções políticas em Angola etc.

As feiras de livros, os festivais literários e as demais atividades em torno do livro e da leitura têm trazido ao nosso país a oportunidade de conhecermos autores de diferentes países da África de língua portuguesa. Com isso, os autores ministram palestras e oficinas, e, cada vez mais, tornam-se conhecidos e são publicados para o público brasileiro.

Traduzidas no **Brasil**

Além dos textos em língua portuguesa, de países da África, apresentaremos obras de diversos países, traduzidas e publicadas no Brasil.

A autora norte-americana Gail E. Haley, em sua obra *Baú de histórias*, reconta e ilustra uma história africana e explica por que algumas narrativas de origem são conhecidas como "histórias de aranha". Em um tempo remoto, todas as histórias pertenciam a Nayme, o deus do Céu, até que um dia, Ananse, um velho fraco, teceu uma teia até o céu para conquistá-las e levá-las ao seu povo. Ao conseguir superar as três tarefas impostas a ele, ficou conhecido como Kwaku Ananse, o "Homem-Aranha". As histórias passam a pertencer a ele e voltam a ser transmitidas de geração em geração.

Meshack Asare, consagrado escritor do país de Gana, tem seu livro, *O chamado de Sosu*, publicado originalmente na Inglaterra em 1995. Em 1999, recebe o Prêmio Literatura para Crianças e Jovens a Serviço da Tolerância, pela Unesco.

Sua história é situada "numa aldeia entre o mar e a laguna" e fala de diferenças, mas não de diferença étnica. São diferenças que há entre pares de uma mesma etnia, em acontecimentos de uma aldeia com sua cultura própria. Com sensibilidade, o autor aponta as diferenças entre seres humanos de qualquer lugar do mundo.

Na edição brasileira, há um anexo complementar ao texto, escrito por Paulo Daniel Farah e ilustrado por Rodrigo Rosa. As ilustrações de Rodrigo, assim como as de Meshack, são em aquarela.

Doutor em Letras pela USP, com ênfase em Literatura Árabe, Farah afirma que a história se passa em Gana, país natal do autor. No texto original, essa situação não é, explicitamente, revelada. Muitas vezes, a origem e a localização da história não são ditas no relato, por não haver uma intenção de texto informativo, e, sim, literário.

Niki Daly, autor nascido na África do Sul, iniciou sua carreira de ilustrador e *designer* na Inglaterra. Após receber diversos prêmios por sua produção literária, retornou à Cidade do Cabo, onde vive. Seus livros, *Cadê você, Jamela?*, *O que tem na panela, Jamela?* e *Feliz aniversário, Jamela!*, refletem o cotidiano familiar contemporâneo da menina Jamela. Não são histórias inspiradas em lendas ou contos tradicionais africanos, mas trazem as peculiaridades de uma cultura específica.

O livro das autoras francesas Marie Sellier e Marion Lessage, *A África, meu pequeno Chaka...*, é uma obra em que a arte das palavras está perfeitamente conjugada com a arte visual. As ilustrações de Marion são em *nuances* de tom ocre, complementadas por máscaras e esculturas que se encontram em museus de Paris. Destaque para a bela impressão em papel de tonalidade sépia.

O texto de Marie está estruturado para que se perceba a importância da oralidade na transmissão das informações culturais de um povo, característica marcante na cultura africana, assim como na cultura indígena e nos contos e recontos de lendas e fábulas. É desenvolvido sob forma de pequenas histórias narradas pelo avô, a partir da curiosidade de seu neto, o Chaka, que o admira e o vê como "alto como o Baobá e mais sábio que o Marabu". As respostas dadas pelo avô deixam portas abertas para novas perguntas, que sugerem continuidade.

O avô discorre sobre sua ancestralidade, suas relações familiares e de amizade, que se mesclam com a cultura, os hábitos, as magias e os mitos de seu povo.

Ao responder às perguntas da criança, o avô relata: "O início, meu pequeno Chaka, ah! foi há muito tempo! Bem antes de mim". Reflete sobre a morte e conclui: "Um dia, meu pequeno Chaka, também irei para o país onde o sol não se põe, o país dos ancestrais". O sábio diz ao neto que ele sempre se lembrará do avô e que repetirá todas essas histórias para seu próprio neto. E que, do lugar onde estiver, "rirei de felicidade", diz o avô.

As reticências empregadas no título do livro parecem sugerir a infinidade de relatos que podemos ter sobre o continente africano, sobre a sua História. Como curiosidade, o livro tem os seus direitos reservados às Éditions de la Reunion des Musées Nationaux de Paris.

O casal norte-americano Mary e Rich Chamberlain, após viagens pelo Quênia, escreveu *As panquecas de Mama Panya*. Nessa obra, conhecemos alguns aspectos característicos de grupos sociais que vivem em comunidades e também o olhar inocente de uma criança. Ela convida os vizinhos e conhecidos para comerem panquecas em sua casa. A menina, muito entusiasmada, faz o convite a diversas pessoas, sem a preocupação da quantidade e sem avisar os familiares.

Faltariam ingredientes que dessem conta de porções para todos os que chegariam? O espírito de coletividade sobressai, pois os próprios moradores da aldeia levam os ingredientes. O sentimento da infância, revelado na atitude da menina, ao chamar o pessoal para sua casa, é dos aspectos mais preciosos da história.

Tanto, tanto!, texto de Trish Cooke (autora inglesa, roteirista de programas de televisão, de origem afro-caribenha) e ilustração da inglesa Helen Oxenbury, é uma obra para crianças pequenas, e para toda a família. Recebeu diversos prêmios internacionais de literatura infantil. Em uma linguagem bastante melódica, traz surpresas, as diferenças entre as pessoas e o respeito a essas singularidades.

Um bebê e a sua mãe recebem a visita de parentes que tocam a campainha, um a um, o que imprime uma autenticidade no jeito de ser de cada um: como chega, como cumprimenta, como interage. Entre crianças, adolescentes, adultos e idosos, o bebê se solta, se diverte. Brinquedos, cantos, dança, ginga e livros são introduzidos nas cenas com a prevalência da brincadeira, tão necessária à infância.

A história parece se passar num centro urbano, devido às roupas e aos hábitos das pessoas. Assim como esse aspecto, outros nos deixam a pensar sobre as personagens, o lugar. Não está tudo dito e resolvido no texto e nas ilustrações. Texto e ilustrações, juntos, contam a história. Não se fala que a família é negra no conto. Isso é revelado nas ilustrações, de cores fortes e cheias de beleza e de movimentos. Sem ser apelativa, a obra mostra as diferenças entre as pessoas, o respeito que existe nas relações e a brincadeira e afetividade.

Com a obra *De grão em grão, o sucesso vem na mão*, das canadenses Katie Smith Milway (texto) e Eugenie Fernandes (ilustração), conhecemos um pouco de um vilarejo no oeste da África, em Gana. Inspirada em um caso real, a história nos leva à família de Kojo e sua mãe, que viviam com muita simplicidade. O menino usa um fundo econômico da comunidade para comprar uma galinha e melhorar de vida.

Com os primeiros ovos vendidos, o menino pagou o que devia e comprou outra galinha... Assim, ele melhora a sua vida e a das pessoas da aldeia onde viviam. É uma história nitidamente com uma lição de moral. Inclusive, ao final, há um exemplo real de Kwabena Darko, que mudou a sua vida em Gana. E três exemplos de brasileiros, além de um glossário.

As ilustrações em cores fortes acentuam traços da vida no campo: os animais, a terra, a simplicidade das casas. Há mulheres que carregam crianças amarradas às costas, há pessoas que levam mercadorias em balaios na cabeça. Os lenços amarrados nas cabeças das mulheres e as estamparias mostram costumes que se conservam no uso rotineiro. Por esses modos de vestir das pessoas, a obra traz um olhar sobre uma região pouco conhecida na literatura para crianças.

O Prêmio FNLIJ, categoria Tradução, tornou conhecidas algumas obras que merecem ser destacadas: em 2006, *Histórias de Ananse*, de Adwoa Badoe (texto), Marcelo Pen (tradução) e Baba Wagué Diakité (ilustração), Edições SM, recebeu o prêmio na categoria Tradução/Adaptação Reconto; em 2009, *Homens da África*, de Ahmadou Kourouma, Roberta Barni (tradução), Giorgio Bacchin (ilustração), Edições SM, recebeu o prêmio na categoria Tradução/Adaptação Informativo; e *Meus contos africanos*, selecionados por Nelson Mandela, com tradução de Luciana Garcia, e vários ilustradores, editora Martins Fontes, recebeu o prêmio na categoria Tradução/Adaptação Reconto.

Há inúmeras outras obras traduzidas e publicadas em nosso país, e algumas serão comentadas ao longo deste livro.

Entrevista

Zetho Cunha Gonçalves

autor angolano

Antes de conversarmos sobre literatura, comente a realidade política e social de Angola.

Angola (uma das cinco antigas colônias portuguesas em África, juntamente com Cabo Verde, Guiné-Bissau, Moçambique e São Tomé e Príncipe) ficou independente em 11 de novembro de 1975. Acontece é que houve três independências proclamadas no mesmo dia. Ou seja, os três movimentos de libertação nacional – Movimento Popular de Libertação de Angola – MPLA; Frente Nacional de Libertação de Angola – FNLA; e União Nacional para a Independência Total de Angola – Unita, que já se guerreavam entre si, proclamaram cada qual a sua independência: o MPLA em Luanda, a capital do país; a FNLA no norte de Angola, na cidade do Ambriz; e a Unita no centro do país, na cidade do Huambo. Essa guerra civil só terminou em fevereiro de 2002. Somando a isso os catorze anos de guerra anticolonial são praticamente quarenta anos de guerra ininterrupta, que destruiu todas as infraestruturas do país. E tudo com o beneplácito das grandes potências e da comunidade internacional. Hoje, graças à paz que o povo angolano sempre quis e não quer voltar a perder, assistimos a uma verdadeira reconstrução do país em todos os sectores.

Podemos agora viajar de uma ponta a outra de Angola, mesmo quando e onde as estradas e as pontes não estão ainda reconstruídas ou arranjadas, sem nenhum constrangimento ou problema de segurança. O único grande problema que pode surgir, e surge muitas vezes, centra-se nas minas antipessoal, anticarro ou antitanque de guerra. É triste dizê-lo, mas Angola chegou a ser o país mais minado do mundo. Chegou a haver mais de dez minas para cada angolano, uma barbaridade que se não pode perdoar a ninguém! Todos os dias, ainda hoje, há pessoas que ou ficam sem uma perna, um braço, ou simplesmente morrem, por causa das minas não desativadas. Próximo a Luanda, há lugares onde ninguém põe o pé fora do asfalto. Ninguém sabe quem pôs a mina, nem se lembra onde a colocou durante a guerra. E tanta vez foi quem colocou a mina que caiu nela, depois!...

Como foi e é a leitura de obras de autores brasileiros pelos escritores angolanos? Houve influências?

Na verdade, e não só em Angola, mas em todos os países africanos de língua oficial portuguesa, a maior influência na construção de uma literatura nacional veio da literatura brasileira. Foram escritores como Graciliano Ramos, José Lins do Rego, Jorge Amado, Rubem Braga e, mais tarde, João Guimarães Rosa, na prosa de ficção; Monteiro Lobato e José Mauro de Vasconcelos, na literatura infantil e juvenil; e poetas como Manuel Bandeira (indiscutivelmente o mais celebrado poeta brasileiro pelos seus pares africanos), Jorge de Lima, Castro Alves, Gonçalves Dias, Augusto dos Anjos, Carlos Drummond de Andrade, João Cabral de Melo Neto e, mais recentemente, Manoel de Barros, quem inspirou a fundação e a trajetória da literatura angolana até aos dias de hoje.

Desde o tempo colonial, quando muitos autores brasileiros eram proibidos em Portugal, pelo regime de Salazar, as suas obras chegavam e circulavam pelas livrarias e papelarias em toda a Angola. Por outro lado, as relações afetivas e históricas entre os angolanos e o Brasil (que não passavam apenas pelo futebol, pelo carnaval ou pelo samba) faziam com que esses poetas e escritores brasileiros fossem como que "nacionalizados" por nós, e passassem a ser nossos, parte integrante de nós mesmos, pelo seu exemplo e pela sua obra. Hoje, devido à falta de livrarias que cubram todo o país, e graças ao preço proibitivo dos livros importados, os autores brasileiros são lidos por menos pessoas. Mas continuam, indubitavelmente, a ter o seu lugar cativo nas paixões literárias dos poetas e escritores angolanos.

Como foi o processo de aprendizagem da leitura e da escrita em Angola nos últimos anos?

Vou contar para vocês como é que muita, mas mesmo muita gente aprendeu a ler e escrever em Angola, durante a guerra. No meio das matas, entre emboscadas e bombardeamentos, improvisavam-se escolas, debaixo da copa das árvores. Não havia lápis nem cadernos. Não havia livros nem tabuadas. Não havia dicionários nem prontuários ortográficos. Então, quem sabia ler e escrever (sobretudo mulheres, porque os homens eram sempre poucos para a guerra) se tornava professor. Juntavam as crianças sentadas no chão, com o professor a escrever com um pauzinho na terra as letras do alfabeto e os números. E as crianças copiavam, treinavam cada uma com seu pauzinho sobre a terra as suas caligrafias. Mesmo em Luanda, na capital, onde as escolas não chegavam para todos, quem sabia meia dúzia de palavras virava professor, para ensinar as crianças e os adultos nas campanhas de alfabetização. Foi assim que várias gerações de angolanas e angolanos aprenderam a ler e a escrever.

Sobre esta realidade, e falando da cidade onde nasci e que foi um dos palcos mais violentos de toda a guerra civil, escrevi um dia o seguinte poema:

HUAMBO, 1992-1993

Ao António Lobo Antunes
e ao José Eduardo Agualusa

Eu trabalhava as cores da imaginação
nos cadernos de areia do chão, acocorado.
Trabalhava as letras do meu nome,
movendo, na mão inábil,
e trincando a língua,
de canto a canto dos lábios,
as caligrafias – por um pauzinho
sobre a Terra – que era:
a minha carteira, os meus cadernos de cópias,
de contas, desenhos e ditados,
a tabuada,
e os livros de leitura – logo apagados
pela mão contrária à mão da escrita,
para se reescreverem, incessantes e perfeitos,
até à memória: a minha escola primária
foi a sombra duma árvore muito antiga – e a voz,
um pêndulo que soletrava,
nas crateras, debaixo de fogo,
horas e números – no horizonte.

Hoje, porém, o sonho de qualquer criança ou jovem angolano é estudar. Estudar muito, tirar um curso, seja ele técnico, seja ele acadêmico, pois sabe que só com algum estudo poderá ser útil ao seu país e ter uma vida mais confortável. Sem saber ler e escrever, não há ninguém nem nenhum país que consiga ser ou chegar a alguma coisa nesta vida. Essa é que é a verdade.

Como Luanda se situa nesse país assolado pela guerra?

Para vos dar uma pequena ideia do que é Luanda, Luanda tem a metade da população do país a viver lá. Ninguém sabe oficialmente quantos milhões. Mas Luanda, que é uma cidade que estava feita, no tempo colonial, para albergar umas 750 mil pessoas, hoje alberga entre 7 e 9 milhões de habitantes. Nenhum país é viável com metade da sua população a viver na capital. Imaginemos o absurdo que seria se a metade da população do Brasil vivesse no Rio de Janeiro ou em Brasília. Claro que os angolanos, como os brasileiros, são muito inventivos e conseguem sobreviver, mesmo no centro dos maiores furacões. E é um pouco o retrato dessa sobrevivência que fala a consagrada obra *Quem me dera ser onda*, de Manuel Rui. Ou vários contos de João Melo, de quem *Filhos da Pátria* teve já edição brasileira, e que eu considero um dos mais extraordinários ficcionistas angolanos do nosso tempo. Aliás, o caótico cotidiano luandense é tema de muita da ficção angolana que agora se está a produzir.

Que autores e obras angolanas para o público infantil e juvenil você recomendaria aos brasileiros?

Começo por referir obras já publicadas no Brasil e de mais fácil acesso ao leitor interessado: *Quem me dera ser onda*, de Manuel Rui (editora Gryphus), é uma verdadeira obra-prima, que encantará o público juvenil; José Luandino Vieira, indiscutivelmente o maior escritor angolano vivo e um dos maiores escritores de língua portuguesa de todos os tempos, com *Kaxinjengele e o poder. Uma fábula angolana* (editora Pallas), a que se seguirá, pela mesma editora, *Xingandele, o corvo de colarinho branco*; *Uma fábula angolana*, ou ainda *A cidade e a infância* (Companhia das Letras), bem merece um conhecimento maior aqui no Brasil; José Eduardo Agualusa, com *O filho do vento* (editora Língua Geral) e *Nweti e o mar* (editora Gryphus); Ondjaki, com *O Coelho Saltitão* (editora Língua Geral); Maria Celestina Fernandes, com *A árvore dos gingongos* (editora DCL), e eu próprio, se me permitem a ousadia, com *Debaixo do arco-íris não passa ninguém* (editora Língua Geral), *A caçada real* (editora Matrix), *Brincando, brincando não tem macaco troglodita* (editora Matrix), *A vassoura do ar encantado* (editora Pallas), ou *Rio sem margem. Poesia da tradição oral*, a sair brevemente no Brasil.

De Manuel Rui, destinados a um público infantil e juvenil, recomendaria ainda *Da palma da mão: estórias infantis para adultos* e *Conchas e búzios*. De José Eduardo Agualusa, *Estranhões e bizarrocos*; e recomendaria a leitura da obra de Dario de Melo e de Octaviano Correia, para além, naturalmente, de toda a obra de José Luandino Vieira, inteiramente ilustrada por ele (*A guerra dos fazedores de chuva com os caçadores de nuvens: guerra para crianças*; *Puku Kambundu e a sabedoria*; *Ngola Mukongo e a justiça*; *Kaputu Kinjila e o sócio dele Kambaxi Kiaxi*; *Kiombokiadimuka e a liberdade*), numa beleza desmedida para os sentidos.

Mas a literatura infantil e juvenil angolana não é só isto, felizmente. Como o próprio país, também ela está a crescer e a se renovar paulatinamente.

E autores menos conhecidos?

Dario de Melo, cuja obra infantil e juvenil é de grande importância, tem uma série de livros muito boa. Dos seus títulos publicados, na área da literatura infantil e juvenil, destacaria *Estórias do Leão Velho; Vou contar; Aqui, mas do outro lado*; e *As sete vidas de um gato*, que foi Prêmio PALOP 98 de Língua Portuguesa de Literatura Infantil.

Nomes como os do escritor e etnólogo Henrique Abranches e o do poeta e musicólogo Jorge Macedo, o primeiro com *Três histórias populares*, e o segundo com *O menino com olhos de bimba* e *As aventuras de Jojó na aprendizagem da língua*, deixaram a sua marca no reconto escrito da tradição oral para a infância e juventude.

Cremilda de Lima, com obras como *A Kianda e o barquinho de Fuxi; A múkua que baloiçava ao vento; Mussulo: uma ilha encantada; O aniversário de vovô Imbo (Festa no imbondeiro); O tambarino dourado e o maboque mágico e outras estórias*, e Gabriela Antunes, com *Luhuna e o menino que não conhecia Flor-viva; Kibala, o rei Leão; A abelha e o pássaro; O castigo do dragão glutão*, entre vários outros títulos, têm trazido para a literatura infantil e juvenil angolana um contributo valioso.

O conto *Bola com feitiço*, de Uanhenga Xitu, parece-me uma ótima aposta de leitura para um público juvenil, dado o seu carácter mágico e o seu humor, em torno de um desafio de futebol. Isto, a par de alguns clássicos de Maria Eugénia Neto (*E nas florestas os bichos falaram; Foi esperança e foi certeza* e *O vaticínio da Kianda na piroga do tempo, entre outros*), e *Vovô Bartolomeu*, de António Jacinto.

Mas é da mais elementar justiça (e certamente que me falhará algum nome) referir e saudar aqui as tentativas de criação de uma literatura infantil e juvenil em Angola, como são os casos de José Samwila Kakweji com *Gira-bola na selva*; Marta Santos com *E nos céus de África... era Natal*; John Bella com *As orelhas do coelho Hélio; Nzamba, o rei sou eu!* e *Estes dois são cão e gato*; António Pompílio com *A vassoura preguiçosa* e *O camaleão e a cobra*, e aquela que é a mais jovem revelação, de seu nome Cássia do Carmo, nascida em Luanda em 1996, com o livro *As duas amigas*.

E finalizo, referindo-me à antologia *Boneca de pano*. Colectânea do conto infantil angolano, organizada por Adriano Botelho de Vasconcelos, Neusa Dias e Tomé Bernardo.

É possível para os autores de literatura que moram em Angola viverem de literatura lá? Ou seja, sobreviverem dos seus direitos autorais e de outros trabalhos como autores.

Não é fácil viver exclusivamente da literatura em nenhum lugar do mundo, e Angola não é exceção. Antes, pelo contrário. Com a guerra, todas as estruturas do país foram destruídas. Neste momento, os livros publicados giram em torno de 250 exemplares como tiragem, quer de poesia, ficção, quer de ensaio para adultos, e 1.000 de tiragem para crianças e jovens. Não existem bibliotecas, pois foram todas destruídas pela guerra; não existem livrarias; os jornais praticamente não saem de Luanda. E um jornal tira 3.000 exemplares apenas. Em todo caso, José Luandino Vieira, José Eduardo Agualusa, Pepetela e eu próprio, melhor ou pior, vivemos exclusivamente do nosso trabalho literário.

No meu caso pessoal, posso-vos dizer que o preço que pago por esta opção de vida é altíssimo. Em todos os sentidos da minha vida privada. Mas a liberdade que me pertence (e que me é mais íntima que a própria pele e da qual não saberei abdicar nunca!), conquistada letra a letra sobre cada palavra escrita (que nunca me permitirei que seja para um destino de banalidade ou concessão à facilidade), é coisa que nem todo o dinheiro do mundo poderá pagar. Mas aí, o sangue lateja com outro fogo.

Como é a questão da língua, da comunicação? Todos falam português?

Sim, em Angola, praticamente todos falamos português. Essa foi a grande vitória da guerra. A guerra obrigou todos os angolanos a falarem português para se poderem entender entre si, quando tinham que sair das suas casas, das suas sanzalas ou das suas vilas e cidades, para procurarem no outro lado do país um lugar um pouco mais aprazível. E houve também, como já disse, mesmo durante a guerra, um esforço imenso na alfabetização das crianças e dos jovens e adultos.

Em Angola, nós temos dezoito povos ou grupos etnolinguísticos, cada um com sua língua própria (e alguns desses grupos falam mais de uma língua), sua cultura, sua literatura oral, sua escultura, sua música, suas danças, suas gastronomias próprias. Esse mosaico cultural é, indubitavelmente, uma das maiores riquezas de Angola. E, onde não foi tocada pela guerra, essa identidade se mantém e preserva a sua essência, independentemente da "imposição" da língua portuguesa como língua oficial do país.

Aliás, recentemente, o governo criou uma nova lei (aprovada em 2011) para apoiar não só a criação da literatura infantil e juvenil como a obrigatoriedade de os livros publicados chegarem às dezoito províncias do país. Isto, com o apoio financeiro do governo.

Como é a Tradição Oral num país que sofreu tantas guerras e recebeu a imposição de uma língua (a portuguesa)?

A coisa mais natural é a criança, desde muito pequena, ir construindo a sua base cultural e a sua identidade como ser, a partir da oralidade. Permitam-me transcrever o que sobre o assunto escrevi em *A voz da poesia que lê*[8]:

Em Angola, como em toda a África onde as guerras e o instinto de sobrevivência não dizimaram os valores ancestrais dos seus povos e respectivas culturas, há três coisas absolutamente sagradas, em quem ninguém toca, desrespeita, maltrata, violenta: as mulheres, os velhos e as crianças.

Sentadas, à noite, no jango – que é a sala comunitária e o centro das aldeias –, em redor da sua larga e alta fogueira, na estação das chuvas; ou, ainda, nos terreiros, em noites límpidas de lua cheia, no tempo do cacimbo, e debaixo das grandes mulembas – essas árvores míticas e sagradas em toda a Angola, de copa frondosa e sombra fria –, vão as crianças ouvindo os Mais-Velhos narrando--lhes a História e a memória cultural do seu povo, através de contos e fábulas; canções e poemas com muito refrão; jogos de adivinhas e de provérbios; adágios, motejos (ditos curtos e de grande carga enigmática) – tudo isto acompanhado pelo bater cadenciado das palmas e o imitar da voz, do andar e da dança dos animais selvagens; do som do vento, da chuva, das trovoadas e do correr dos rios.

E assim, pela voz ponderada e sem uma única ruga dos Mais-Velhos – homens e mulheres –, vão as crianças, desde a mais tenra idade, sedimentando a sua educação e a sua cultura, aguçando a imaginação e desenvolvendo as suas capacidades intelectuais, ao mesmo tempo que fazem a sua aprendizagem da vida e dos segredos do mundo, conforme a secular tradição da sua língua e do seu povo.

Porque só à noite se podem narrar e ouvir, cantar e dançar estas memórias da sua cultura, passam as crianças as manhãs e as tardes dos seus dias, consoante a idade, ora ajudando seus pais em tarefas leves as mais variadas, ora praticando jogos infantis ou construindo brinquedos em madeira ou em cana de milho seca, fazendo visgo para apanhar pássaros, gaiolas de cana e caniço, instrumentos musicais, *tchifutas* (que no Brasil se chamam estilingues ou atiradeiras, e em Portugal se chamam fisgas), e pequenas azagaias com flecha de capim grosso, para caçar passarinhos ou apontar marimbondos.

[8]In: SECCO, Carmen Lucia Tindó; SALGADO, Maria Teresa; JORGE, Silvio Renato (Orgs.). *Pensando África. Literatura, arte, cultura e ensino*. Rio de Janeiro: Biblioteca Nacional, 2010. p. 69-70.

Para vos dar uma ideia, aqui deixo estes dois exemplos de motejos: "Trabalha a cabeleireira e fica assim descomposta" e "A oleira pôs o coração na argila."

No fundo, todos os povos têm uma literatura de tradição oral muito rica, extremamente viva e poderosa. E, entre nós, continua a existir imenso material ainda por recolher no terreno. Tem havido bons antropólogos e etnógrafos angolanos, como os casos dos já falecidos Óscar Ribas e Ruy Duarte de Carvalho, cuja obra é importantíssima. As recolhas de Óscar Ribas são um manancial extraordinário, ainda hoje. E Ruy Duarte de Carvalho, para além do imensíssimo poeta que é, deixou--nos alguns livros, como *Ana a Manda, Os filhos da rede*, que é a sua tese de doutorado sobre os pescadores da Ilha de Luanda, ou *Vou lá visitar pastores* (editora Gryphus), *Paisagens propícias*, entre outros, que são verdadeiras pérolas sobre o povo pastoril Kuvale, no sudoeste do país.

Mais recentemente, Virgílio Coelho, José Samwila Kakweji e António Fonseca têm encetado trabalhos muito bons também. E a verdade é que a literatura angolana, sobretudo a poesia, tem um diálogo muito forte com as literaturas da tradição oral, em cujas fontes buscamos material para trabalhar na nossa própria obra, como é o caso de Paula Tavares, Arlindo Barbeitos, Ruy Duarte de Carvalho e eu próprio, quer na literatura infantil e juvenil, quer na obra poética para adultos, de que destaco nessa perspectiva o livro *Rio sem margem: poesia da tradição oral*, que se pretende uma retribuição em "poema escrito" à literatura angolana da tradição oral.

Sobre a geografia e a diversidade de onde você nasceu, fale um pouco da sua região. E como esses elementos se cruzam com a literatura.

Meus sapatos pisam e caminham agora pelas ruas do Rio de Janeiro, mas os meus pés nunca deixaram de estar entre o Huambo e o Kuando Kubango, a cidade onde nasci e as terras onde cresci e me fiz gente.

A paisagem física do meu país é extremamente diversificada. Existe floresta tropical fechadíssima no norte de Angola, depois há morros e rochas de pedra, uma coisa descomunal, exixtem os planaltos de Benguela, da Huíla e do Huambo e Bié, há vegetação mais rasteira, a que chamamos chanas ou anharas, e vai até o deserto. E todo o país é atravessado por rios, uns maiores, outros menores, o que constitui uma das nossas maiores riquezas.

Dada a fortíssima ligação à terra que temos, não obstante a maioria dos nossos poetas e escritores viverem em cidades, a paisagem física é um dos elementos que sustentam em pano de fundo toda a criação literária.

Se a cidade de Luanda é em José Luandino Vieira, Arnaldo Santos, João Melo, algum Pepetela, Ondjaki, entre outros, o cenário onde decorrem as suas obras, tornando-se não raro a própria cidade uma personagem importante na ficção destes autores, há, depois, uma Paula Tavares, cuja obra se situa ou se constrói a partir das terras, das gentes e das culturas do sudoeste de Angola, sobretudo do povo kwanyama, tal como Ruy Duarte de Carvalho, que fez do deserto do Namibe e dos povos de pastorícia transumante, kuvale e herero, a matéria-prima, quer da sua extraordinária poesia, quer de obras fundamentais da língua portuguesa, como *Vou lá visitar pastores* (publicada pela editora Griphus); *Os papéis do inglês* (Companhia das Letras); *As paisagens propícias* etc. Quer Paula Tavares, quer Ruy Duarte de Carvalho foram tocados, numa atenção de escuta e de leitura e encantamento, pela maravilhosa poesia pastoril destes povos, o que lhes permite a elaboração de uma obra de resgate e invenção fundamentais no panorama da literatura angolana contemporânea.

No meu caso pessoal, toda a minha obra poética se vem construindo a partir da paisagem física da pequena povoação de Cutato, na província do Kuando Kubango, onde aprendi a falar e a ouvir, a ler e a escrever, onde, no fundo, me fiz gente com a gente e a cultura que aí habitavam (sobretudo o povo nganguela), e a que chamo a minha pátria inaugural da poesia. E é desse húmus, também, que se sustenta quase toda a minha obra infantil e juvenil, numa reinvenção da tradição oral, com todos os seus ritmos paralelísticos e os seus encantos mágicos e fabulosos ressoando nos ouvidos da minha mais remota memória.

E sobre a natureza, como ela comunga com as pessoas e as histórias?

Entre os angolanos, há um respeito muito grande pela natureza, pela Mãe Terra. Tudo quanto implica imensidão, ou seja, aquilo que se não pode abarcar com os braços ou com os olhos, o mar, o céu, uma grande floresta ou um grande rio, por exemplo, é por nós chamado de Kalunga ou Nzambi, que, por comodidade, podemos traduzir na língua portuguesa pela palavra Deus. E, porque é uma palavra de raiz banto, ela é comum a todos os povos, exceto ao povo khoisan ou bosquímano. Daí, esse respeito pela natureza, a que se alia o respeito e a veneração pelos antepassados que nos guiam.

Exemplos literários disso são o romance *O segredo da morta* (romance de costumes angolenses), de António de Assis Júnior (1935), e a obra-prima que é a novela *De um comba*, de Manuel Rui (1998), sobre o cerimonial da morte, que é o que significa 'comba'. E que mais não é que a celebração da vida e a homenagem ao morto enquanto foi vivo, de modo a que agora o seu espírito nos seja protetor e guia. Porque a morte, para nós, é intrínseca à cultura e ao modo de ser e de estar.

Por outro lado, toda criança que acaba de nascer, na aldeia onde nasce, todas as mulheres serão mães daquela criança, todos os homens serão pais daquela criança, além da sua mãe biológica e de seu pai biológico, e todas as outras crianças serão irmãos e irmãs daquela criança. Aquela criança não é só dos seus pais biológicos, mas de toda a comunidade, que, assim, é também responsável por ela, pela sua educação e pela sua vida.

Quanto à herança, ela é matrilinear, ou seja, o irmão da mãe é que é o herdeiro. Numa comunidade, e esta regra é arbitrária, ai de quem maltrate uma mulher, uma criança ou um velho. O conselho de um ancião é sagrado. A circuncisão marca a passagem da puberdade para a vida adulta do homem, depois disso ele vai aprender a sobreviver sozinho, a não maltratar ninguém, a respeitar a mulher, aprender a caçar para alimentar sua família, as regras de conduta em sociedade. O ritual de passagem para a puberdade feminina se dá com a primeira menstruação, sendo as mulheres mais velhas que vão ensinar às moças os "segredos da vida em comum", para que não haja desarmonia em nenhuma circunstância.

Neste sentido, infelizmente Luanda não é exemplo para nada nem para ninguém, dadas as circunstâncias que anteriormente referi sobre o seu excesso populacional e todas as contingências que a sobrevivência cotidiana implica.

Correndo o risco de parecer estar a puxar a fuba para o meu funji (pirão), a publicação e divulgação de mais autores africanos no Brasil poderia ser uma forma de fortalecer e sedimentar uma visão mais ampla e verdadeira do que temos em comum e é nosso: as raízes da terra que nos traz vivos e cantantes.

Aqui no Brasil, fala-se muito em tradição afro-brasileira e nos afrodescendentes. Como você vê essas expressões e conceitos? Isso aparece também em Portugal, onde você reside?

O caldeamento de culturas é sempre uma mais-valia para qualquer pessoa, ou para qualquer país, em meu entender. É o caso do meu país, ou de Cabo Verde e Moçambique, e é o caso do Brasil. Quanto à tradição afro-brasileira e ao conceito de afrodescendente, que em Portugal não tem nenhuma expressão, muito sinceramente desejo que sirvam para a dignificação do ser humano como tal, independentemente da cor da pele ou confissão religiosa, através de uma melhor educação, de um sistema de saúde mais amplo para todos, da criação de melhores condições de vida, com a erradicação do analfabetismo e da pobreza e o direito inalienável de todo ser humano a uma habitação condigna e a um salário justo. E que não seja nunca transformado em algo que possa vir a se tornar um racismo de polo oposto. Isso, do fundo do coração o desejo.

As questões étnicas e culturais marcam presença na literatura angolana para as crianças? Quais são as questões recorrentes nas produções contemporâneas?

Depois de uma literatura extremamente politizada no período pós-independência, o que mais marca hoje a produção da literatura infantil e juvenil é o mundo mágico e fabuloso dos animais, as suas fábulas e contos tradicionais recontados.

A questão étnica do negro está presente como tema na literatura de Angola?

Naturalmente que sim, desde a literatura mais engajada das gerações da revista *Mensagem* e da revista *Cultura*, nos finais de 1940, princípios de 1950, como ser explorado e vitimizado pelo colonialismo. Isto acontece mesmo na obra de poetas brancos, como António Jacinto (que é um dos fundadores da moderna literatura e do nacionalismo angolanos), que, no *Poema de alienação*, escreveu: "O meu poema sou eu-branco/ montado em mim-preto/ a cavalgar pela vida." Ou na obra do escritor Castro Soromenho, que, desde final dos anos 1930, deu ao negro a sua voz reivindicativa contra o colonialismo português, através da força das suas próprias culturas e modos de ser e de estar angolenses. E continua, ainda hoje, a ser um tema perfeitamente natural na nossa literatura, agora, naturalmente tratado com outras abordagens.

Haveria algo que você poderia destacar como traço comum aos países da África, presente nas literaturas?

A relação do autor com a sua terra, o seu país, e a presença tutelar dos ancestrais nas suas obras. E, não raro, também o caldeamento do onírico e do maravilhoso advindo das próprias *oraturas*.

O que mais caracteriza a literatura do seu país?

Talvez a diversidade de vozes, de temas, de abordagens seja, juntamente com a relação telúrica com a própria terra angolana, sempre presente, o que melhor caracteriza a nossa literatura hoje. Mas também o humor e a ternura, indiscutivelmente.

Algumas palavras sobre sua obra e sua vida:

Nasci na cidade do Huambo, no planalto central de Angola, em 1960, e passei a infância e adolescência na pequena povoação de Cutato, na província do Kuando Kubango, no sudeste do país. Comecei a publicar em livro em 1979, tendo publicado até hoje nove livros de poesia, de que destaco: *A palavra exuberante* (2004), *Sortilégios da Terra: canto de narração e exemplo* (2007) e *Rio sem margem: poesia da tradição oral* (2011). Como autor de literatura infantil e juvenil, e com edição no Brasil, publiquei em 2006, na Língua Geral, *Debaixo do arco-íris não passa ninguém* (poemas). Em 2011, na Matrix, *A caçada real* (teatro) e *Brincando, brincando, não tem macaco troglodita*. Na Pallas, em 2012, *A vassoura do ar encantado* (conto). Organizei edições da obra de alguns dos poetas e escritores portugueses mais importantes, como Luís Pignatelli, Natália Correia, António José Forte, Mário Cesariny, Eça de Queirós (*Os brasileiros*, Língua Geral, 2008), Fernando Pessoa (*Contos completos*, Língua Geral, 2012), e do moçambicano Luís Carlos Patraquim. Como antologiador: *35 poemas para 35 anos de independência* (2010); *Antologia do conto africano de língua portuguesa* (Língua Geral), no prelo; *Antologia do conto angolano* (em colaboração com João Melo), no prelo; *Antologia da poesia angolana*: 1849-2009 (em colaboração com Rosário Fernandes), no prelo; *Poesia africana de língua portuguesa* (em colaboração com Luís Carlos Patraquim), a publicar. Tenho colaboração literária dispersa por jornais e revistas de Angola, Brasil, Espanha, Moçambique e Portugal, e figuro em várias antologias, quer de poesia, quer de ficção, publicadas em Angola, Brasil, Itália, Moçambique e Portugal. Vivo atualmente em Lisboa, dedicando-me inteiramente à literatura.

Olhares brasileiros sobre a África

A literatura infantil brasileira surgiu nos anos 1920, com a obra do escritor Monteiro Lobato. Pela primeira vez, na história da literatura brasileira, um autor se dirigia ao público infantil com o uso da linguagem coloquial, da fantasia e com a valorização do folclore nacional. Nascia, ali, uma literatura lúdica, que valoriza o olhar e o ponto de vista da criança. Antes dessa produção, eram utilizados textos de cunho didático nas escolas, com o objetivo de educar e dar lições de moral aos leitores. Lobato rompe com esse padrão e cria um novo conceito de literatura para a infância que prevalece até hoje.

Alguns autores que escreveram para os adultos e abordaram o tema da negritude ou da africanidade em textos de prosa ou poesia serão apontados no primeiro subcapítulo, intitulado *Autores pioneiros e suas obras*.

Em seguida, trataremos, em um subcapítulo específico, *A obra de Joel Rufino dos Santos*, que conta com uma expressiva produção literária voltada às crianças, aos jovens e adultos, em que a questão do negro, temas da África e suas culturas estão presentes. Joel foi indicado duas vezes ao Prêmio Hans Christian Andersen do International Board on Books for Young People – IBBY (maior organismo internacional dedicado à literatura infantil no mundo, criado no período pós-guerra por Jella Lepman, judia alemã). Esse prêmio, considerado o pequeno Nobel da Literatura Infantil, é outorgado a cada dois anos a um escritor e a um ilustrador pela grandeza de sua obra. A Fundação Nacional do Livro Infantil e Juvenil – FNLIJ (seção brasileira do IBBY), ao indicar duas vezes a obra de Joel ao IBBY, apostou no talento de um autor que foi finalista e recomendado nas indicações.

No terceiro subcapítulo, *Autores contemporâneos e suas obras*, abordaremos as obras de autores contemporâneos que têm escrito para crianças sobre histórias africanas ou que têm incluído a questão da África em seus livros. Nesse aspecto, vale a pena lembrar a criação das categorias Livro Informativo (não ficção) e Livro Reconto (recolha de histórias) do Prêmio FNLIJ. Elas revelaram autores que têm se dedicado à temática trabalhada por nós: a questão da África como tema nas obras para crianças e jovens. Além das obras premiadas, a FNLIJ concede a menção Altamente Recomendável nessas categorias e também seleciona obras como Acervo Básico, seleções que contemplaram autores brasileiros como Joel Rufino dos Santos, André Neves, Rogério Andrade Barbosa, Sônia Rosa, Reginaldo Prandi, Heloisa Pires Lima, dentre outros que comentaremos mais adiante.

No subcapítulo *Outros olhares*, abordaremos as obras de alguns estudiosos que se dedicaram à questão do negro na cultura brasileira: Câmara Cascudo (1898-1986), Gilberto Freyre (1900--1987), Alberto da Costa e Silva, Nei Lopes e José Ramos Tinhorão.

Autores pioneiros e **suas obras**

Como falar de pioneirismo numa literatura brasileira ainda comprometida com valores europeus, uma cultura predominantemente de homens brancos? Portugal mantinha colônias na África e o Brasil, embora independente, buscava conhecimento e novidades em terras europeias. Culturas africanas não eram consideradas, sequer conhecidas por muitos brasileiros, especialmente os que faziam parte da elite. Grupos étnicos, tais como os indígenas e os negros, eram considerados inferiores, eram feitos serviçais. Para conhecer a voz desses grupos, foi necessário surgirem escritores que conhecessem de perto, por vivência, sua história.

Um dos primeiros nomes a ser citado quando se menciona a escravidão no Brasil é o do poeta baiano Antônio de Castro Alves (1847-1871), que se tornou conhecido como o poeta dos escravos.

No século XIX, alguns escritores românticos se baseavam no mito do bom selvagem, proposto pelo filósofo suíço Jean-Jacques Rousseau (1712-1778), para exaltar e idealizar o índio brasileiro, como pode ser visto em *O guarani*, do cearense José de Alencar (1829-1877). Na verdade, o indianismo era uma forma de buscar uma temática genuinamente brasileira para a literatura, para valorizar os tipos nativos e as paisagens da terra.

Castro Alves, porém, optou por dar um rumo diferente à sua busca. Seu apreço pela liberdade e pela justiça, aliado à crença de que Deus criara a poesia para chorar as dores da humanidade, fizeram com que ele aderisse com entusiasmo à campanha

Textos de lá e de cá 87

contra a escravidão. Nessa luta, Castro Alves utilizou sua arma mais poderosa: a poesia épica de cunho social. Nos poemas *Vozes d'África* e *Navio negreiro*, o poeta emprega todo o seu talento para denunciar o sofrimento a que os negros eram submetidos.

Para que crianças e jovens possam se familiarizar com a poesia de Castro Alves, podemos sugerir leituras de versos e poemas que, 140 anos depois de sua morte, são resgatados em novas criações.

Denise Rochael, em *Brasil em preto e branco*, recolhe versos de *Navio negreiro* para acompanhar seu texto contemporâneo, que fala sobre o menino negro e as vicissitudes de sua história. Já André Diniz, reconhecido quadrinista brasileiro, faz uma livre adaptação do poema *A cachoeira de Paulo Afonso*, retirado da obra *Os escravos*, de 1876, e o insere na arte dos quadrinhos. Publicado pela Pallas, em 2011.

NAVIO NEGREIRO, CANTO V

Ontem a Serra Leoa,

A guerra, a caça ao leão,

O sono dormido à toa

Sob as tendas d'amplidão!

Hoje... o porão negro, fundo,

Infecto, apertado, imundo,

Tendo a peste por jaguar...

E o sono sempre cortado

Pelo arranco de um finado,

E o baque de um corpo ao mar...

Ontem plena liberdade,

A vontade por poder...

Hoje... cúm'lo de maldade,
Nem são livres p'ra morrer.
Prende-os a mesma corrente
— Férrea, lúgubre serpente —
Nas roscas da escravidão.
E assim zombando da morte,
Dança a lúgubre coorte
Ao som do açoute... Irrisão!...
Senhor Deus dos desgraçados!
Dizei-me vós, Senhor Deus,
Se eu deliro... ou se é verdade
Tanto horror perante os céus?!...
Ó mar, por que não apagas
Co'a esponja de tuas vagas
Do teu manto este borrão?
Astros! noites! tempestades!
Rolai das imensidades!
Varrei os mares, tufão!...

O nome do jornalista e escritor José do Patrocínio (1853-1905), filho de uma escrava alforriada, também merece ser destacado pela sua campanha abolicionista. Autor de três romances, junto com Machado de Assis foi um dos fundadores da Academia Brasileira de Letras – ABL.

Sua luta em prol da libertação dos escravos, porém, não se limitou aos discursos inflamados e artigos que publicava nos jornais. José do Patrocínio foi além, chegou a auxiliar a fuga de escravos e a participar da criação de núcleos abolicionistas.

Conhecido como pai da literatura infantil brasileira, o escritor, advogado, fazendeiro, diplomata, empresário e tradutor Monteiro Lobato trouxe para o universo infantil temas que sua geração imaginava pertencer exclusivamente ao mundo dos adultos: guerras, injustiças, progresso e atraso, a tirania da gramática, para citar apenas alguns. Para que essas questões pudessem ser compreendidas pelas crianças, tão importante quanto a criação do fabuloso Sítio do Picapau Amarelo e seus habitantes, foi fundamental sua criatividade no uso da linguagem. Uma verdadeira revolução para a época. Logo ele, que havia sido reprovado em Português nas provas para o Instituto de Ciências e Letras de São Paulo, em 1895.

Em 1911, há mais de cem anos, com a morte de seu avô, Lobato tornou-se proprietário rural, ao receber de herança a fazenda Buquira. A história encontra-se bem detalhada pela estudiosa Marisa Lajolo, em *Monteiro Lobato – Um brasileiro sob medida*.

O livro também revela algumas curiosidades sobre a vida do escritor que, na família, era chamado pelo apelido de Juca. Lobato, por sua vez, apelidou de "A Visconda" a mulher legítima de seu avô. Sua avó de verdade, de quem ele gostava muito, era uma professora humilde, de nome Anacleta. E já que estamos falando de nomes e apelidos, vale contar mais uma do Furacão da Botocúndia. Seu verdadeiro nome era José Renato, mas, aos 11 anos, fascinado pelas iniciais JB incrustadas em ouro na bengala de seu pai, ele resolve trocá-lo para José Bento. E foi como José Bento Monteiro Lobato que o escritor se tornou conhecido.

Antes de ter sua própria revista, Lobato escreveu artigos literários e sobre artes plásticas para diversos jornais. Ele se envolvia com questões polêmicas, seja de ordem social, seja de ordem política, seja de ordem literária. A primeira delas originou-se de uma carta que escreveu, em 1914, para a Seção Queixas e Reclamações do jornal *O Estado de S. Paulo*. Nessa carta, chamada *A velha praga*, Lobato denuncia a prática desastrosa das queimadas, responsáveis pela destruição das camadas de húmus do solo, pela morte de animais, dentre outros malefícios. É nessa carta que surge o Jeca Tatu, definido como o "piolho da terra", preguiçoso e destruidor da natureza. A personagem chega para contradizer o ufanismo patriótico vigente no Brasil à época, quando havia um processo de idealização das minorias, explicitada no livro *Por que me ufano de meu país* (1901), do Conde de Affonso Celso (1860-1938).

Com seu espírito empreendedor, em 1918 compra a *Revista do Brasil*, da qual era também colaborador. Assim começa sua carreira de editor. No empenho de suas ações, há um grande avanço na produção editorial brasileira. Segundo Marisa Lajolo, seu modo de produção teria um perfil de elaboração experimental. E o cita: "Lanço agora um verdadeiro filhote de livro – *Negrinha* – para fazer uma experiência: se vale mais a pena lançar livros inteiros a 4 mil réis ou meios livros a 2$500."

Mesmo sem pertencer à sua obra infantil, o conto *Negrinha*, publicado em 1920, poderá mostrar aos jovens um breve retrato do tratamento dispensado aos negros, no início do século XX. Com a prosa caracterizada pela coloquialidade e por uma aproximação ao leitor, a obra poderá ser lida por adultos e também por crianças.

O conto se passa poucos anos depois da Abolição da Escravatura. Uma menina órfã, nascida na senzala, é considerada protegida de dona Inácia. Senhora de falsos e duvidosos princípios morais, torna a pequena menina alvo de todas as suas frustrações e rancores, numa sequência de maus-tratos. A postura humilde da menina vai comover e fazer com que as crianças entendam o que foi de fato a escravidão.

Numa época em que grande parte da elite intelectual atribuía o atraso do Brasil ao fato de haver no país um percentual significativo de negros na população, o escritor maranhense Viriato Corrêa (1884-1967) se contrapunha a essa corrente de pensamento.

Seu livro *Cazuza*, publicado em 1938 – cinquenta anos após a Abolição da Escravatura, num país ainda eminentemente agrícola –, pode ser considerado a primeira obra de literatura infantil a defender a causa do negro, que é reconhecido e valorizado tanto do ponto de vista social quanto intelectual.

Cazuza é a história de um menino que, depois de adulto, narra suas memórias de infância. No livro, percebe-se o equilíbrio entre as personagens negras e brancas, colocadas no mesmo nível de importância.

Mesmo sem fugir ao discurso moralizante, considerado na época o mais correto para o público infantil, Viriato Corrêa descreve as vivências de Cazuza num estilo coloquial e dinâmico, com a simplicidade que havia sido inaugurada por Monteiro Lobato. Sua narrativa fluente cativa os leitores jovens.

Há que se destacar o nome de Alaíde Lisboa de Oliveira (1904-2006), educadora e escritora mineira, que se dedicou ao magistério e à pesquisa. Preocupou-se em criar novos métodos de alfabetização, capazes de ensinar e divertir ao mesmo tempo. Sua obra *A bonequinha preta*, publicada também em 1938, integra a Coleção Primeiras Leituras, cujos livros, escritos em linguagem simples, de maneira lúdica e afetiva, buscavam transmitir às crianças algumas lições de vida que estivessem ao alcance de sua compreensão. Embora a obra tenha um cunho moralizante, tem um caráter literário e uma importância histórica inegável para a literatura infantil brasileira. Seus livros tornaram-se sucessos editoriais.

A partir de fins da década de 1960 e início dos anos 1970, a literatura infantil brasileira passou por uma nova (r)evolução. Foi um momento conhecido como desencadeador de novas edições de livros para crianças e do surgimento de autores que se consagraram nas letras para a infância e a adolescência.

Dona de uma vasta obra literária, Sylvia Orthof (1932-1997) publicou mais de cem livros, dentre os quais *O rei preto de Ouro Preto*.

Sem perder suas características de humor, poesia e ludicidade, este é o seu único trabalho publicado com temática histórica, o que o diferencia dos demais.

Na figura lendária de Chico Rei, Sylvia estabelece o elo da narrativa, desde o continente africano até a escravidão em Minas Gerais. A autora expressa sua opinião, em defesa da liberdade e igualdade entre os homens, ao escrever: "Se a história eu retorço, é porque pro Chico Rei garanto que eu sempre torço!"

O texto dá cores ao chamado Continente Negro com "Ai que belas aquarelas", e também descreve seu povo genericamente como "[...] gente negra e valente, gente que dança e canta no sorriso do contente". Com a chegada dos veleiros, trazendo homens brancos e ferozes, Sylvia deixa fluir o seu humor ao dizer que, no susto "as zebras corriam longe", perdiam suas listras na corrida! Você duvida? Fala da escravidão: "[...] prendeu os negros e o rei com correntes tão cruéis! e reflete sobre a Igreja – passiva ou ativa? – Iam ver o Chico Rei? [...] Os sinos diziam: não... sim... sim... não... balalim de balalão! Sei não!"

Se o poeta Castro Alves narrava a dor do povo africano que, acorrentado, era trazido como mercadoria para o Brasil, Sylvia fala do sonho de liberdade que todos traziam, independentemente de sua origem: reis, guerreiros ou chefes religiosos. A autora exalta a figura de um rei negro, aqui chamado de Chico Rei, que realiza esse sonho, mantendo seu ideal com muito trabalho e determinação.

Ainda dentre as obras pioneiras na literatura infantil a abordar questões das diferenças, podemos citar *O menino marrom*, de Ziraldo Alves Pinto, publicado em 1986, e *Menina bonita do laço de fita*, de Ana Maria Machado, também de 1986.

O texto de Ana Maria, acompanhado de ilustrações de Claudius, conta a história de um coelho branco que se encanta com a beleza de uma menina negra. O duplo branco e negro marca presença nessa histórica lírica de Ana Maria.

Por sua temática, foi selecionado como melhor obra em países da América Latina, como Venezuela, Colômbia e Argentina. Na Suécia, o livro é recomendado como exemplo de convívio multicultural e pluriétnico, como conta Ana Maria em sua página virtual[9].

Em outras produções que abordam o tema da negritude, não há unanimidade de opiniões sobre a obra. Ana Maria cita o exemplo de uma funcionária de biblioteca na Dinamarca, que o condena por ser modelo de

_____

[9]*Histórias meio ao contrário.* Disponível em: <http://www. anamariamachado. com/historia/menina-bonita-do-laco-de-fita>. Acesso em: 21 out. 2011.

conformismo ao sugerir que negros e brancos convivam em paz e por não incentivar que negros lutem por seus direitos.

Da mesma forma, *O menino marrom*, de Ziraldo, sofre leituras distintas de acordo com o grupo ideológico que o analisa. O livro fala do relacionamento de dois meninos: um preto e outro branco. A ênfase de texto e ilustração está na aparência dos dois amigos: "Mesmo marrom, o menino marrom achava normal ser chamado de preto. Mesmo cor-de-rosa, o menino cor-de-rosa achava normal ser chamado de branco." É, sem dúvida, uma reflexão sobre cores, em particular a cor da pele.

Na análise feita por Antonio Sampaio Dória[10], a participação do autor, ao se incluir como personagem, dilui a pitada de "racismo" que aparece no texto no momento em que o autor confessa ao técnico da gráfica que, ao se referir ao tom de pele, pensara em pele clara branco-rosada.

[10] DÓRIA, Antonio Sampaio. *O preconceito em foco: análise de obras literárias infantojuvenis.* São Paulo: Paulinas, 2008.

Os dois livros são tipicamente brasileiros, no que tange ao aspecto da miscigenação e também na autenticidade e espontaneidade das personagens.

A obra de **Joel Rufino dos Santos**

A década de 1970 ficou conhecida como um momento de apogeu da literatura infantil e juvenil no Brasil. Alguns estudiosos chamam aquele período de *boom* da literatura infantil, devido ao crescimento da produção editorial, ao surgimento de autores que ficaram consagrados por suas publicações cheias de fantasia e de uma linguagem absolutamente voltada ao universo da criança. Foi, certamente, um período de consolidação de uma literatura para a infância comprometida com a leitura de entretenimento.

Joel Rufino dos Santos, carioca, professor de História e de Literatura, além de ser um dos consagrados autores que começaram a publicar na década de 1970, pode ser considerado um pioneiro nas abordagens em seus livros sobre a questão das raízes africanas na literatura brasileira para os pequenos leitores. Em especial, notamos em sua obra traços que chegaram até os livros por meio do folclore, da tradição oral. Ele criou histórias em que o negro é um protagonista de relevo e em que palavras, expressões e costumes de herança africana são valorizados. Sua obra literária conta com narrativas curtas, outras mais extensas, em capítulos, dirigidas às crianças e aos jovens.

Joel fez os estudos secundários pagos por seu próprio trabalho, o que sinaliza um compromisso com a transformação da sua vida de família humilde. Recebeu os títulos de Notório Saber e Alta Qualificação em História e é doutor em Comunicação e Cultura. Lecionou Literatura Brasileira na Faculdade de Letras da Universidade Federal do Rio de Janeiro. Exilado político de 1964 a 1965 e preso político de 1972 a 1974, sua obra ultrapassa 70 livros publicados, dentre estudos históricos, de ciência política, romances, novelas e contos. Sua literatura para crianças e jovens, aclamada pela crítica especializada, foi diversas vezes premiada, alcançou expressivas tiragens, inúmeras reedições e traduções. Desde que começou a publicar na revista *Recreio* (no final dos anos 1970), são dezenas de histórias com um elemento comum: a fabulação de origem popular, especialmente negra e ameríndia.

Joel publicou os seus contos na revista *Recreio*, na revista *Nova Escola*, além de revistas latino-americanas. Alguns dos seus textos foram adaptados para o teatro e a televisão. Caetano Veloso, Gilberto Gil e Tom Zé, dentre outros, musicaram suas histórias.

Da prisão, de 1972 a 1974, Joel escreveu cartas ao filho, Nelson (então com 8 anos), quando falava da sua rotina de preso, dos companheiros de cela e dos sonhos de jovem pai afastado do filho. Essas cartas (guardadas pela esposa de Joel) foram reunidas mais tarde na obra *Quando eu voltei, tive uma surpresa: (cartas para Nelson)*, Prêmio Orígenes Lessa, como o Melhor Livro para Jovens, da FNLIJ, em 2000. É considerada uma obra de caráter não somente histórico, como literário, metalinguístico e memorialístico. Enquanto esteve preso, dedicou-se a estudos de cultura popular, especialmente às matrizes ameríndia e afro-brasileira, o que consolidaria as primeiras tendências da sua literatura.

Na década de 1980, Joel ingressou na ONG Instituto de Estudos da Religião – Iser, quando coordenou o projeto Quanto Vale uma Criança Negra – trabalho com crianças desfavorecidas na produção de textos literários. Foi um dos primeiros a vincular-se à Ashoka Foundation na América do Sul. Na mesma ocasião, integrou a coordenação da conhecida Escola para Meninos de Rua Tia Ciata, em que a invenção literária funcionava como eixo para os conteúdos pedagógicos. Foi também diretor do Museu Histórico da Cidade do Rio de Janeiro, onde criou um programa de visitas guiadas e teatro para crianças e adolescentes de favelas. Ali idealizou o Museu de Brincar, com a coleção de brinquedos populares em vias de desaparecimento.

Ocupou diversos cargos públicos, alguns relacionados à defesa de populações desfavorecidas, aos direitos humanos e às crianças em situação de risco. Sua predileção à cultura popular tem correspondência na sua vida pública. No plano federal, Joel foi presidente da Fundação Cultural Palmares, do Ministério da Cultura, encarregada das políticas públicas para a população negra, onde iniciou a titulação de terras de comunidades remanescentes de quilombos. No plano estadual, foi membro do Conselho Estadual de Cultura, subsecretário de Defesa e Promoção das Populações Negras, superintendente de Cultura, subsecretário de Justiça e Direitos Humanos e, por fim, diretor de Comunicação Social do Tribunal de Justiça. No internacional, representou o Brasil no Comitê Científico Internacional para o programa Rota do Escravo, da Unesco. Foi ainda, por vários anos, consultor brasileiro do programa Escolas Associadas, da Unesco.

Na literatura, Joel revela uma linguagem viva, próxima da língua falada. Sem ser piegas nem pitoresco, Joel tem um estilo próprio traduzido na expressão adotada para as narrativas, em que o leitor se sente dentro da história, tal a naturalidade dos diálogos e a verossimilhança das suas obras. Na novela *O caçador de lobisomem*, por exemplo, o narrador nos leva para dentro da história.

Como professor de História do Brasil, Joel adquiriu uma experiência que, certamente, lhe possibilitou um olhar investigativo e, ao mesmo tempo, cuidadoso no estudo da vida brasileira.

Ao desviar-se da "história oficial", privilegia o ponto de vista dos excluídos e marginalizados. Com isso, surge uma vertente importante da sua obra: as novelas históricas, nas quais valoriza o herói popular, como em *O soldado que não era*, *Quatro dias de rebelião*, *O dia em que o povo ganhou* e *Zumbi*.

Sua abordagem temática das minorias sociais (índios, negros e mulheres) poderia ter construído uma obra marcada por conselhos, moralismos, ou até mesmo de caráter panfletário. No entanto, não foi o que aconteceu, um tema trabalhado por Joel surge de dentro da história, elaborado pelo foco narrativo, o que impede qualquer tom professoral. Não é algo que vem de fora, com uma intenção, não existe ali a *priori*. É algo que está metido com a história, nasceu com ela. Isso contagia o leitor e o envolve, o afeta na história.

Há, ainda, um traço da sua obra de textos não ficcionais: a sua habilidade narrativa que, somada à pesquisa e ao dom argumentativo, faz florescer um texto histórico instigante. Assim, o adolescente e o adulto leem com desenvoltura as obras não ficcionais de Joel: *O que é racismo, A história do Brasil, A história política do futebol brasileiro.*

O refinado humor aparece nas suas narrativas, inclusive nas mais densas e conflitivas. Ele não abandona o riso, a ironia sutil que questiona as regras e as relações de poder. Conseguimos imaginar um marinheiro que, em vez de um boné, resolve que deve usar um passarinho na cabeça? Pois é, Joel busca exemplos que se aproximam do *nonsense*, do gosto estapafúrdio e popular, que não se explica pela razão, mas pela emoção.

Uma característica importante é a sua facilidade de dialogar com crianças pequenas e com jovens. A obra de Joel tem trânsito garantido entre os leitores mais diferentes, porque ele sabe contar histórias com as opções mais acertadas na arquitetura narrativa, de modo a fazer que seu leitor preferencial se sinta inteligente, participante da trama construída. Tomamos como exemplo *A Pirilampeia e os dois meninos de Tatipurum*, em que o autor mostra – obviamente sem nomenclatura – aos leitores miúdos o que é ponto de vista e como ele é absolutamente relativo. Bela obra de construção metalinguística! Já em *O noivo da cutia*, o machismo é questionado de forma sutil e engraçada, numa narrativa breve e envolvente.

Mais além da produção dirigida a esse público, Joel possui uma obra de ensaios dirigidos aos adultos, sobre literatura, cultura, leitura, questões étnicas e sociais. Isso comprova o compromisso ético e social desse intelectual que presidiu a Fundação Palmares e tem contribuído para o esclarecimento da importância e da diversidade da África na cultura nacional. Algumas de suas obras para adultos: *Como podem os intelectuais trabalhar para os pobres* (Global); *Quem ama literatura não estuda literatura* (Rocco).

Na literatura infantil, a COLEÇÃO CURUPIRA, composta de seis títulos, publicada pela editora Ática, na década de 1980, traz relatos caracterizados pelo humor fino, pela linguagem coloquial e lúdica e por situações familiares à cultura popular: crenças, lendas... *História de Trancoso, O saci e o curupira, A botija de ouro, Cururu virou pajé, Dudu Calunga* e *Rainha Quiximbi*. Ilustradas por Zeflávio Teixeira, em tons fortes e contrastantes, nos colocam em contato com personagens engraçadas, cheias de sabedoria popular. Veja a abertura da história de *Dudu Calunga* (1986): "Festão animado aquele! Gente miúda, gente graúda, branco, preto, café com leite, menino de chupeta, vovó de cachimbo... Cê precisava ver."

Nota-se que há uma descontração, um envolvimento gostoso entre as pessoas que são surpreendidas pela presença de Dudu Calunga. Quem era esse protagonista tão misterioso? Os pais de santo, Ossanha, as ialês, o peji e os orixás vão chegando de um modo natural e espontâneo, sem forçar a leitura nem a abordagem de conteúdos místicos e culturais. Há toda uma celebração de um ritual do candomblé. E ainda tem o pandeiro, *paquete-papáquete-páquete--papáquete!*, que traz a musicalidade, a dança, os trejeitos de corpo, os movimentos, os ritmos. As personagens negras, mulatas e brancas não são o motivo da obra. Elas emergem naturalmente na narrativa, fazem parte de uma festança que é para todos.

Em *Histórias de Trancoso* (1983), reparamos o uso de palavras como moringa, nhonhô, jabá, jurubeba. E ainda o uso de ditos populares: "Jacaré achou? Nem ele." Uma história de esperteza, que nos deixa a refletir sobre a malandragem, a trapaça... e nos remete também a elementos que vivem em nós por causa da vinda dos africanos ao Brasil. O que há de original no texto de Joel é a falta de apelos, a justeza com que o autor introduz uma palavra, uma tradição, uma crença.

A botija de ouro (1984) abre a narrativa assim: "Era uma vez uma escravinha que não tinha nome. Quando ela foi comprada, esqueceram de perguntar o nome dela."

O narrador começa de um jeito maroto, descontraído. Fala de discriminação sem ser moralista e prossegue para contar a história daquela escrava que encontra a botija de ouro dentro de uma parede. Posta no tronco porque não revelou o paradeiro da botija de ouro, foi salva pelos vaga-lumes diversas vezes.

Por um lado, uma denúncia de uma escrava sem nome, sem cidadania, sem direitos civis, por outro lado, a tradição popular, o lado sobrenatural, que a salva do castigo. Importa ressaltar que a narrativa se desenrola bem solta, sem lições de moral.

Na obra *Rainha Quiximbi* (1986), tomamos contato com o lado sobrenatural dos acontecimentos sem explicação. Uma viúva procura novo companheiro e, de tão pequenininho que fica, desaparece. Em outra empreitada, é ela que diminui de tamanho. Será transformada na Rainha Quiximbi, uma entidade das águas, uma espécie de sereia. Foi o Chibamba, rei das criaturas encantadas, que a levou para a praia. O Chibamba é um remanescente de tradições que vieram da África, assemelha-se à Cuca ou ao Negro Velho. Com muita naturalidade, Joel introduz essas criaturas na história sem forçar a tinta. Além disso, usa expressões como "boca pra que te quero!", que reproduzem ditos e saberes populares. Ele não caracteriza a personagem como negra, ou algo que se passa na história como proveniente da África. São elementos como outros, que têm relevo e graça.

Em *Cururu virou Pajé* (1987), o autor se debruça nas nossas origens indígenas. Cria uma história de metamorfoses, de esperteza, em que bichos e humanos dividem a mesma natureza. A presença de Baíra, deus criador e civilizador da cultura tupi-guarani, garante o roubo do fogo. Agilidade e humor marcam essa história cheia de molejos e graça.

O Saci e o Curupira (1984) traz o relato de um casal que vivia às voltas com a fome e a necessidade de ter caça. Envolvem-se com o Saci e o Curupira. Aqui, Joel mostra a discriminação contra as mulheres, sem ser moralista. É algo que faz parte da história, não é pretexto para ensinamentos.

Gosto de África, ilustrado por Cláudia Scatamacchia, da editora Global, traz *As pérolas de Cadija, O filho de Luísa, A sagrada família, O leão do Mali* e *Bonsucesso dos pretos* e *A casa da Flor*. A obra é uma mistura de mitos e tradições negras com relatos de história do Brasil que abordam questões como a luta contra a escravidão e a liberdade – histórias que mostram situações com gente preta, sem mascarar a etnia negra.

Na verdade, pode-se observar em *Gosto de África* uma valorização natural de aspectos da cultura negra. As personagens, tradições e crenças estão dentro do contexto das histórias, não há algo forçado nem artificial para tratar do que está relacionado à África e às heranças que temos de lá. Essa é uma das características relevantes da obra de Joel.

O presente de Ossanha, da editora Global, baseado numa história do consagrado autor José Lins do Rego, apresenta dois mundos e dois meninos. O universo de um menino escravo e a cultura que permeia as relações sobressaem numa narrativa aguçada pela fluência da linguagem.

Joel nos transporta para um universo de desprivilegiados. Sua literatura dá *status* a personagens desconhecidas, negras, pobres. Não notamos um maniqueísmo nem um jogo de escolhas que o leitor terá de fazer, mas, sim, o confronto com realidades paradoxais, antagônicas, presentes numa mesma cultura: a brasileira.

Zumbi, da editora Global, uma narrativa mais extensa, em capítulos, nos leva à biografia daquele que lutou pela liberdade dos negros num país cercado pela escravidão e por injustiças sociais decorrentes do comércio de escravos: Zumbi dos Palmares. Joel questiona a ideologia dominante que sustentou a escravidão, os núcleos familiares, a hierarquia das classes sociais, o poder, a concentração da riqueza nas mãos de poucos etc. Ele nos leva ao interior de uma sociedade moldada por ricos e poderosos, sem lições de moral, sem apelos. O narrador simplesmente nos conduz por uma narrativa fluente e espontânea, não toma partidos, não deprecia nem faz apelos. Conta e deixa fluir a história envolvente e vivaz.

Quando eu voltei, tive uma surpresa: (*cartas para Nelson*), da editora Rocco, é um testemunho da história do Brasil. Enquanto estava preso, na década de 1970, em São Paulo, Joel escreveu cartas (verdadeiras histórias de amor) ao pequeno filho, Nelson, que estava no Rio de Janeiro. São cartas ao filho como metáforas dirigidas ao nosso país (ainda pequeno e que ia crescer). Joel estava preso como um dos envolvidos no grupo da História Nova, que teve a coragem de contar a história do Brasil que ainda não havia sido feita.

Com lirismo e cuidados, Joel conta ao filho sobre os motivos que o levaram a ficar preso: era um condenado político. Relata situações da história do País, como a vinda dos navios negreiros, histórias de escravidão e outras histórias mais que nos fazem brasileiros. Por sorte, Teresa Garbayo, esposa de Joel, guardou as cartas, que puderam ser organizadas e transformadas em um livro para crianças, jovens e adultos. É uma obra que testemunha a história de um país na luta contra dificuldades diante da liberdade de expressão e da participação social igualitária para brancos, negros, mestiços e outros grupos étnicos.

Se, por um lado, a obra tem um caráter histórico e social relevante, por outro lado, foi feita com lirismo, mostra a marca das memórias no fazer literatura. Abre as portas da intimidade do autor, ao escrever para o filho e preencher a necessidade de escrita e de elaboração de suas dificuldades.

Há outras obras de Joel de leitura recomendada, marcadas pela presença de traços da cultura popular, como *O jacaré que comeu a noite*, com ilustração de Eduardo Albini (2007), e *Histórias de bichos*, com ilustração de Cláudio Martins (2010). Ambas da José Olympio, trazem relatos cheios de humor e irreverência.

E uma obra de caráter informativo, não ficcional, bem recomendada aos jovens e também aos adultos, é *Na rota dos tubarões: o tráfico negreiro e outras viagens*, com ilustração de Rafael Fonseca (2008), da Pallas. Nesse livro, o leitor vai percorrer a viagem de um navio negreiro. Em uma narrativa reflexiva, bem-humorada e inventiva, Joel nos conduz pela história dos negros no nosso país e nos inclui como fazedores da nossa história, ao repensar o impacto do colonialismo sobre as sociedades africanas, as colônias americanas e os países europeus. Referências bibliográficas no final podem ampliar os estudos e as leituras sobre a África, o negro brasileiro e o tráfico negreiro.

Depois do passeio pela obra de Joel, confirmamos a grandeza de seus textos e a coerência desse intelectual e professor que tem dedicado seus esforços à causa de muitos excluídos.

Autores contemporâneos e suas obras

Na sequência do movimento de resgate da literatura de herança africana, Luiz Ruffato preparou para a editora Língua Geral, em 2009, uma obra em que reúne contos de autores negros brasileiros.

O organizador e escritor discute, na apresentação do livro, o porquê da pequena presença de escritores afrodescendentes no cânone literário brasileiro e como os mesmos foram relegados a meros coadjuvantes da construção de uma identidade nacional. Ressalta, ainda, a dificuldade de encontrar personagens negras como protagonistas em romances e contos até o final do século XX.

Um dos contos destacados é *A escrava*, de Maria Firmina dos Reis (1825-1917), a quem devemos uma das primeiras representações do negro na literatura brasileira, em seu romance *Úrsula*, de 1859.

O autor comenta obras em que personagens negras eram meros estereótipos da imagem de escravos cruéis, ou seguiam o padrão de beleza importado da Europa. Dos quinze contos do acervo, entre outros, selecionou, de Machado de Assis (1839-1908), *Pai contra mãe*, de Afonso Arinos (1868-1916), *Pedro barqueiro*, e de Lima Barreto (1881-1922), *Clara dos Anjos* (1948).

Entre os contemporâneos, escolheu, de Nei Lopes, o conto *Manchete de jornal*, e de Cuti, *O batizado*. O escritor Luiz Silva Cuti é um dos fundadores do movimento Quilombhoje, que tem entre suas ações o estímulo à produção da literatura comprometida com a cultura afro-brasileira.

No apêndice da obra, encontramos a biografia de Mahommah G. Baquaqua (1830?-?). Trata-se do único depoimento conhecido de um ex-escravo na América. Ele relata sua trajetória de homem livre na África, seu caminho pelo Brasil e seu processo de alforria.

O texto completo de Mahommah foi publicado primeiramente em Detroit, EUA, em 1854. Parte desse relato foi traduzido por Peter Eisenberg e apresentado por Silvia Hunold Lara, inicialmente, na *Revista Brasileira de História* [s.d.].

Em que circunstâncias o homem negro e o branco foram se conhecendo? Eis o que diz Mahommah:

Em Gra-fe vi o primeiro homem branco o que, pode ter certeza, chamou-me muito a atenção. As janelas das casas também pareciam estranhas, pois era a primeira vez em minha vida que via casas com janelas (p. 205).

Esse estranhamento, do ponto de vista de um menino em uma aldeia de Gana, está retratado pelo escritor Nei Lopes em *Kofi e o menino de fogo*. Nas ilustrações de Hélène Moreau percebemos o espanto de duas crianças – uma negra e outra branca – ao se olharem pela primeira vez. A curiosidade inerente à criança está impressa no olhar das duas, sem distinção. "É possível existir alguém que não seja como eu, que não tenha a pele ou o cabelo como os meus?", parecem refletir.

Com a consolidação da literatura infantil na década de 1970, as editoras passam a estabelecer uma produção contínua de livros para crianças. Começa a existir uma demanda das escolas pela adoção de obras literárias, bem como iniciativas públicas e privadas, a exemplo do Projeto Ciranda de Livros, fruto da parceria da Fundação Nacional do Livro Infantil e Juvenil – FNLIJ, Fundação Roberto Marinho e Hoescht (década de 1980), e do Programa Nacional Salas de Leitura da Fundação de Assistência ao Estudante – FAE, do MEC (década de 1990). Havia distribuições de livros de literatura para as escolas, o que impulsionava a edição de obras de autores nacionais e também estrangeiros. A leitura das obras não se restringia às famílias e às poucas bibliotecas existentes.

Nos anos 1980 e 1990, surgem novos escritores e ilustradores de literatura infantil. A literatura para a infância no Brasil ganha, cada vez mais, expressões diversificadas: histórias de cunho folclórico, outras que questionam o autoritarismo vigente, e outras sobre relações familiares e sociais. Começam a ser publicadas histórias que retratavam outros continentes.

Rogério Andrade Barbosa, professor, ex-voluntário das Nações Unidas na Guiné-Bissau, ao retornar ao Brasil com sua experiência da África, na década de 1990, cria seus primeiros livros, *Bichos da África* (Lendas e Fábulas), volumes I, II, III e IV, publicados pela editora Melhoramentos, em 1987 e 1988. Seus títulos foram finalistas do Prêmio Jabuti em 1998; Prêmio Jabuti Melhor Ilustração, em 1988; Altamente Recomendável para Crianças pela FNLIJ, em 1988; The White Ravens, em 1998 e 2001 (selecionado para o acervo da Biblioteca Internacional de Literatura Infantil e Juvenil de Munique, na Alemanha), entre outros prêmios. Suas obras foram traduzidas e publicadas na Alemanha, Argentina, México e Estados Unidos.

Em seguida, Rogério publica *Contos ao redor da fogueira*, editora Agir, em 1990, e passa a dedicar-se à criação de obras que valorizam as questões populares de diferentes povos, em especial os da África. Desenvolve pesquisas, viaja e faz recontos, contos, novelas. Suas últimas produções: *Ndule Ndule*, pela editora Melhoramentos, em 2011, e *Madiba, o menino africano*, pela editora Cortez, em 2011. Atualmente, com mais de setenta obras publicadas, Rogério é um defensor das causas negras, faz palestras e conta histórias em feiras de livros, festivais literários pelo Brasil e pelo mundo.

Para 2012, estão previstos os lançamentos: *Naniquiá, a moça bonita* (editora DCL); *A tatuagem* (editora Biruta); e *Karingana Wa Karingana – Histórias que me contaram em Moçambique* (editora Paulinas). O que caracteriza as suas obras de recontos africanos é o rigor com que se dedica nas pesquisas sobre as culturas de cada país de onde se origina a história. O autor tem o cuidado de trazer informações referentes ao povo, ao folclore de uma dada nação africana. Em parceria com diferentes ilustradores, Rogério tem construído uma obra abrangente, que retrata e reproduz a diversidade que caracteriza o continente africano.

Em sua obra *Como as histórias se espalharam pelo mundo*, com ilustração de Graça Lima, da editora DCL (2002), conhecemos uma narrativa lírica que nos leva, de fato, a passar os olhos pelas muitas Áfricas que existem. Do deserto ao mar, das savanas aos centros urbanos, dos portos aos mercados, conhecemos paisagens e culturas muito bem ilustradas pela artista Graça Lima. O texto leve e cheio de imagens nos propicia um raro prazer estético. Belo casamento de texto e ilustração. Outras obras desse autor que abordam questões da África e/ou do negro podem ser encontradas ao longo deste livro.

A Fundação Nacional do Livro Infantil e Juvenil – FNLIJ, seção brasileira do International Board on Books for Young People – IBBY, desde a sua criação, em 1968, tem se dedicado à divulgação de obras de qualidade para crianças e jovens, com iniciativas nacionais, como o Prêmio FNLIJ, iniciado em 1974, e o Salão FNLIJ do Livro para Crianças e Jovens, com sua 14ª edição em 2012.

A seguir, algumas obras vencedoras do Prêmio FNLIJ que revelam a abordagem sobre a negritude:

* Em 1987, *O menino marrom*, de Ziraldo, na categoria Criança, um belo relato que marca a questão da diferença do ponto de vista da criança.
* Em 1999, foi duplamente premiada a obra *A noite dos cristais*, na categoria Jovem e Autor Revelação, de Luís Carlos de Santana, novela que mistura história e ficção.
* Em 2000, foi premiada, na categoria Criança, a obra *Chica e João*, de Nelson Cruz, que retrata uma história de amor, de poder e de diferenças, na Diamantina de séculos atrás.
* Também em 2000, *Quando eu voltei, tive uma surpresa: (cartas para Nelson)*, de Joel Rufino dos Santos, na categoria Jovem, com a reunião de cartas da prisão de Joel.
* Em 2002, a obra *Ifá, o adivinho*, de Reginaldo Prandi, ilustração de Pedro Rafael, nas categorias Reconto e Ilustrador Revelação, com relatos que trazem as entidades iorubanas e todo o universo simbólico das divindades.
* Em 2002, *Agbalá, um lugar-continente*, de Marilda Castanha, com o Prêmio Informativo Hors Concours.

Em sua obra, Marilda apresenta um novo olhar sobre a trajetória dos negros desde a sua chegada ao Brasil, durante a escravidão, e convoca o leitor a adentrar na cultura desse povo. A partir de algumas singularidades dos negros brasileiros, Marilda traz questões que nos ajudam a entender as culturas tão diversas e ricas. Alguns questionamentos que a obra nos convoca a fazer: por que alguns negros eram obrigados a dar voltas ao redor de árvores antes de deixar o continente africano em direção ao Brasil? Por que algumas crianças recebiam o nome em homenagem à natureza? Por que os escravos tinham de andar descalços? Como os negros conseguiam a compra da carta de alforria? Como eles conseguiam fugir e criar os quilombos? Quais as divindades que cultuavam? Por que são oferecidos alimentos e oferendas às entidades? Por que os seguidores do candomblé vestem trajes coloridos?

Questões dessa natureza nos aproximam um pouco mais da cultura dos negros que vieram para o nosso país. As ilustrações em tons vibrantes, inspiradas na arte afro-brasileira, acompanham o ritmo de batidas, de movimentos e de danças que movem as nações afrodescendentes. A autora realizou diversas viagens pelo Brasil para lugares que conservam testemunhos dessa história, onde desenvolveu suas pesquisas para o texto e as ilustrações.

Muitas obras têm sido publicadas na atualidade, para leitores menores, jovens e adultos. *Obax* foi selecionado por se tratar de refinado livro, premiado e sucesso de público logo no ano da edição, em 2010.

Obax, como o próprio autor esclarece na obra, é uma história inventada e ambientada na África. Não é um reconto de um relato africano. Pura invenção em palavras, em nomes buscados na cultura africana (Obax, a menina, e Nafisa, o elefante), em imagens. Talvez seja este um dos grandes desafios da literatura: fazer o leitor acreditar que a história existe ou existiu: a verossimilhança. Não só acreditamos na história de André Neves, como mergulhamos fundo no mundo de imagens e de palavras de *Obax*.

Com uma narrativa leve e breve, marcada pela fantasia, pela ludicidade, elementos tão caros à infância, *Obax* traz principalmente o confronto entre o mundo adulto e o da criança, entre a realidade e a fantasia. Entre o mundo de cá do oceano (o leitor) e o mundo de lá: a África, com algumas de suas cores e seus sabores.

As ilustrações revelam uma pesquisa minuciosa, com contrastes de cores, de formas, de sons, de texturas. Trazem regiões tão diversas que caracterizam a África (a savana, o deserto, o litoral, aldeias e cidades...). Levam o leitor a passear com a menina e o elefante por diferentes ângulos de paisagens variadas.

Há a possibilidade de passeios conduzidos por um elefante e por uma menina: trajetos vistos de cima, de lado, de longe, de perto. Um animal tão lendário quanto o elefante nos abre trilhas para imaginar e romper barreiras de tamanho, espaço e tempo. Coisa que a literatura nos permite.

O projeto gráfico alterna páginas ora com ilustrações pequenas sobre fundo branco, ora com desenhos grandes sobre fundo colorido; faz também o jogo de tamanho, uma brincadeira de esconde-esconde entre leitor e obra. Convida a passar as páginas e passear por uma África sonhada, de diversidades e contrastes.

Em 2011, muitas publicações foram lançadas e aproveitamos para trazer algumas no calor da hora.

Pedrinho, cadê você?, de Sonia Junqueira, é uma obra destinada às crianças bem pequenas, traz as pontas arredondadas, costura interna nas folhas e cores vibrantes na reprodução das imagens. Poderá ser bem manuseada pelos bebês.

Uma mulher, supostamente a mãe de Pedrinho, o chama num jardim. O menino está escondido detrás de uma árvore e brinca de desaparecer, de mostrar apenas uma parte do corpo. Em frases curtas, bem coloquiais, surgem um pé, outro pé, as mãos, a barriga, o joelho, o bumbum, a boca, o nariz, os olhos... e o próprio Pedrinho. A brincadeira, a revelação parcial do corpo, o reconhecimento de si são algumas das questões suscitadas com a leitura da obra.

As personagens são negras, e é interessante que nem no título nem no texto isso é mencionado. Um tratamento sem a necessidade de afirmação da identidade. A personagem está lá com suas características representadas nas ilustrações. Com abordagem simples e respeitosa, a obra favorece a brincadeira e o reconhecimento que há diferenças entre as pessoas.

Uma princesa nada boba, de Luiz Antonio, com ilustração de Biel Carpenter, mostra-nos que o sonho de ser princesa faz parte das brincadeiras das crianças pequenas, das meninas, mais especificamente: enfeitar-se, ficar bonita, transformar-se magicamente em uma outra. Nessa obra, existe o contato com o sonho de uma criança que conversa sobre isso com os pais. No encontro com a avó, a sua ancestralidade chega, por meio de um *abebé* (espelho), com nomes de princesas africanas: Oyá, que viveu por volta de 1400 antes de Cristo, uma guerreira; Nzinga Mbandi, nascida em 1582, princesa e rainha do reino de Ndongo, onde está Angola hoje, lutou contra a invasão dos portugueses; e a avó da avó da avó da menina, princesa de Ketu, fez resistência na Bahia.

A edição vertical do texto e das ilustrações (o livro se abre de cima para baixo e não lateralmente) marca um elemento de revelação identitária. Aos poucos, descobrimos a beleza negra e as memórias perdidas no tempo. Os desenhos mostram, pouco a pouco, a transformação da menina em princesas negras. Da menina em moça e mulher, no contato com o rio, com Oxum.

Não há no texto a caracterização negra da protagonista, nem de seus familiares, nem das princesas. Isso ficou a cargo da ilustração, que o faz de um jeito cuidadoso e revelador. Pelo contexto, o leitor vai construindo sentidos para a narrativa. O uso do adjetivo boba no título e na história se refere à valentia dessas princesas que precisaram lutar a favor da vida. No final, há informações sobre cinco princesas negras que vieram para o Brasil.

Mestre Gato e Comadre Onça, uma história de capoeira recontada e ilustrada por Carolina Cunha, envolve animais, cujos protagonistas são a onça e o gato. Alterna relatos com cantorias de capoeira, expressão brasileira que mistura arte marcial, esporte, cultura popular e música.

A obra, acompanhada de um CD, traz uma lenda que fala de força e de esperteza. Ilustrações lúdicas estão cheias de movimentos, como é o texto. Pode-se perceber como cada passo do capoeirista se parece com os movimentos dos animais. No final, há um glossário, informações sobre a capoeira, o povo bantu de Angola (a quem são atribuídas as origens da capoeira) e sobre alguns mestres capoeiristas.

Em *Três anjos mulatos do Brasil*, o ilustrador e escritor Rui de Oliveira desenvolveu uma apurada pesquisa sobre os artistas brasileiros Aleijadinho, Mestre Valentim e Padre José Maurício, que viveram nos séculos XVIII e XIX. Os dois primeiros, artistas plásticos, e o terceiro, músico. Eles eram mulatos, característica que acompanha a obra deles, rica em hibridismos que marcam a arte brasileira. Além de uma biografia com imagens, dados históricos, o trabalho de Rui se configura como um livro de arte, que prima por uma edição bem cuidada, que inclui a trajetória da pesquisa do autor.

A seguir, alguns autores que têm publicado obras de temática africana: Alberto da Costa e Silva, membro da Academia Brasileira de Letras – ABL, diplomata e estudioso da África, com inúmeras obras para adultos sobre a África. *Um passeio pela África*, da editora Nova Fronteira, é uma publicação para o público jovem.

Edimilson Pereira, com *Os reizinhos do Congo*, ilustrado por Graça Lima (2004); *Rua Luanda*, ilustrado por Rubem Filho (2007); e *Histórias trazidas por um cavalo-marinho*, ilustrado por Denise Nascimento (2007), todas da editora Paulinas, tem desenvolvido um interessante trabalho com publicações voltadas às crianças.

Adilson Martins publicou três obras pela editora Pallas. *Lendas de Exu,* ilustrada pelo autor (2008); e duas ilustradas por Luciana Justiniani Hees: *Erinlé, o caçador e outros contos africanos* (2009) e *O papagaio que não gostava de mentiras e outras fábulas africanas* (2008).

Júlio Emílio Braz com *Lendas negras*, da editora FTD; *Sikulume e outros contos africanos*, da editora Pallas; e *Moçambique*, da editora Moderna, é outro autor que se debruça sobre as africanidades.

O ilustrador Marcelo Xavier, que desenvolve um trabalho com a criação de cenários com massa de modelar, publicou *Mitos* e *Festas*, ambas da editora Formato, com abordagens sobre celebrações e mitos herdados da África, que são praticados em nosso país.

Georgina Martins, professora da Universidade Federal do Rio de Janeiro – UFRJ, estudiosa de Literatura, tem uma contribuição a ser destacada com as obras: *Minha família é colorida*, da editora SM (2005); *Uma maré de desejos*, da editora Ática (2005); *Meu tataravô era africano*, em parceria com Teresa Telles, pela editora DCL (2006); *Com quem será que me pareço*, da editora Planeta (2007), e *Fica comigo*, da editora DCL (2001). Nesta última, as personagens são reveladas nas ilustrações como negras.

Ana Maria Machado, uma das grandes autoras da literatura infantil e juvenil brasileira, premiada pelo conjunto da obra, em 2000, com o Prêmio Hans Christian Andersen – IBBY, membro da Academia Brasileira de Letras – ABL, conta com algumas obras em que aborda a questão das diferenças: *Menina bonita do laço de fita*, da editora Ática, e *Do outro lado tem segredos*, da editora Nova Fronteira. São narrativas para as crianças pequenas.

Reginaldo Prandi, professor da Universidade de São Paulo, sociólogo, além das obras publicadas para os adultos sobre a mitologia dos orixás, conta com obras para crianças, da editora Companhia das Letrinhas, ilustradas por Pedro Rafael: *Ifá, o adivinho* (2002); *Xangô, o trovão* (2003) e *Oxumaré, o arco-íris* (2005). Para crianças e jovens: *Contos e lendas afro-brasileiros, a criação do mundo*, com ilustração de Joana Lira (2007), da Companhia das Letrinhas, e *Os príncipes do destino, histórias da mitologia afro-brasileira*, com ilustração de Paulo Monteiro (2001), da Cosac Naify. Algumas de suas obras para pesquisas: *Os candomblés de São Paulo*, da Hucitec (1991); *Herdeiras do axé*, da Hucitec (1996); *Mitologia dos orixás*, da Companhia das Letras (2000).

Nei Lopes, compositor, cantor e escritor, tem se dedicado aos estudos das culturas africanas, do samba e da cultura popular. Seus livros para crianças: *Kofi e o menino de fogo*, da editora Pallas;

e *Histórias do Tio Jimbo*, da editora Mazza. Sua obra para pesquisas: *Kitábu, o livro do saber e do espírito negro-africanos* (2005); *Enciclopédia Brasileira da Diáspora Africana* (2004); *Logunedé: santo menino que velho respeita*; *Novo Dicionário Banto do Brasil* (1999); *Incursões sobre a pele: poemas* (1996); *O negro no Rio de Janeiro e sua tradição musical*.

Heloisa Pires Lima, antropóloga, conta com destacada obra em que traz histórias e personagens de culturas africanas. Seus livros para crianças: *Histórias da Preta*, da editora Companhia das Letrinhas (1998); *O espelho dourado*, da editora Peirópolis; *Benjamin, o filho da felicidade*, da editora FTD; *A Mbira da Beira Rio Zambebe*, da editora Salamandra; *A semente que veio da África*, da editora Salamandra, em parceria com o moçambicano Mário Lemos e o marfinense Georges Gneka; *Toques do Griô, memórias sobre contadores de histórias africanos*, da editora Melhoramentos; *O comedor de nuvens*, com ilustração de Suppa, da editora Paulinas (2009); O *marimbondo do quilombo* e *Lendas da África*, da editora Moderna.

Sonia Rosa, professora, conta com uma obra dedicada às africanidades e questões do negro. Alguns de seus livros: *O Menino Nito* (2002, e pela editora Memórias Futuras, em 1995), e Coleção Lembranças Africanas (*Jongo, Maracatu* e *Capoeira*, 2004); *Feijoada* (2005) e *Tabuleiro da baiana* (2006), da editora Pallas; *Palmas e vaias* (2010); *Os tesouros de Monifa* (2009), da editora Brinque Book; *Abraços pra lá e pra cá*, da editora Nandyala (2011).

A seguir, uma lista de algumas obras e seus autores, com publicações dos últimos anos. Ora com personagens negras, ora com abordagens históricas da escravidão no Brasil, ora com elementos de povos africanos, esses diferentes livros nos levam a passear por uma diversidade que a leitura pode nos oferecer.

* *África eterna*, de Rui de Oliveira, editora FTD;
* *Minhas contas*, de Luiz Antonio, editora Cosac Naify;
* *ABC afro-brasileiro*, de Carolina Cunha, editora SM;
* *Música africana em sala de aula*, de Lílian Abreu Sodré, editora Duna Dueto, de caráter informativo;
* *Jindanji – As heranças africanas no Brasil,* de Nereide Schilaro S. Rosa, editora Duna Dueto, também de caráter informativo;
* *Jogo duro*, de Lia Zatz, editora Pastel Editorial;
* *África*, de Ilan Brenman, editora Moderna;
* *Um quilombo no Leblon*, de Luciana Sandroni, editora Pallas;
* *A cor da ternura,* de Geni Guimarães, editora FTD;
* Coleção Mãe África, 6 volumes, de Maurício Pestana, editora Escala Educacional;
* *O amigo do rei*, de Ruth Rocha, editora Ática;
* *A história dos escravos*, de Isabel Lustosa, editora Companhia das Letrinhas, de caráter informativo;
* *Dito, o negrinho da flauta*, de Pedro Bloch, editora Moderna;
* *O homem que casou com a sereia*, de Ciça Fittipaldi, editora Scipione;
* *O negrinho Ganga Zumba*, de Rogério Borges, editora do Brasil;
* *Bruna e a galinha D'Angola*, de Gercilga de Almeida, editora Pallas;
* *Pai Adão era Nagô*, de Inaldete Pinheiro de Andrade, publicação do Centro de Cultura Luiz Freire;
* *Mãe África*, de Celso Sisto, editora Paulus;
* *Seis pequenos contos africanos sobre a criação do mundo e do homem*, texto e ilustração de Raul Lody, editora Pallas;
* *A estrela de Iemanjá*, texto de Simone Saueressig; ilustração de Maurício Veneza, editora Cortez.

Outros **olhares**

Destacamos alguns estudiosos que se dedicaram ou se dedicam à questão do negro na cultura brasileira. Criaram textos em forma de ensaios, de estudos dirigidos aos adultos, que podem nos abrir pistas para entender a negritude na literatura.

— Câmara Cascudo (1898-1986): *Superstições e costumes* (1958); *Made in África* (1965); e *História dos nossos gestos*, pela editora Global.

— Gilberto Freyre (1900-1987): *Casa grande e senzala* (1933); *Sobrados e mucambos* (1936). Atualmente, ambas as obras estão publicadas pela editora Global. E ainda: *Os escravos nos anúncios de jornais brasileiros do século XIX* (1963).

— Alberto da Costa e Silva: *O vício da África e outros vícios* (1989); *A enxada e a lança: a África antes dos portugueses*, de 1992; *As relações entre o Brasil e a África negra, de 1822 a 1ª Guerra Mundial* (1996); *A manilha e o Libambo: a África e a escravidão, de 1500 a 1700* (2002); *Um rio chamado Atlântico* (2003); e *Francisco Félix de Souza, mercador de escravos* (2004).

— Nei Lopes, conforme apresentado no capítulo anterior: *Kitábu, o livro do saber e do espírito negro-africanos* (2005); *Enciclopédia Brasileira da Diáspora Africana* (2004); *Novo Dicionário Banto do Brasil*, (1999); e *O negro no Rio de Janeiro e sua tradição musical* (1992).

> Há um grupo que trabalha a África na escola, cujo *blog* é África em Letrinhas: http://africaemletrinhas.wordpress.com/. Cristiane Mandanelo, professora da Universidade Federal do Rio de Janeiro – UFRJ e do Colégio de Aplicação – CAP, da UFRJ, é a coordenadora.

Um olhar musical pode ser encontrado no livro *História social da música popular brasileira*, do crítico e estudioso José Ramos Tinhorão. A obra nos mostra por que é impossível pensar na música brasileira – uma das mais ricas do mundo – sem a contribuição dos ritmos africanos associados aos instrumentos musicais trazidos pelos portugueses.

Na verdade, esses instrumentos facilitaram bastante o desembarque dos marujos que vieram na frota de Pedro Álvares Cabral. Desde o primeiro momento, a música e as danças de folguedo foram utilizadas para atrair os índios e, mais tarde, para convertê-los à fé católica. Além da gaita, instrumento predominante em Portugal, nos meios rurais, os colonizadores trouxeram flautas, tambores, pandeiros, tamborins e trombetas. Tinhorão menciona que, em 1583, o padre espanhol Barnabé Telo alegrava as pessoas ao som do berimbau.

Ao se prender à execução de cantos e hinos religiosos dentro de suas edificações, a Igreja permitiu que os colonizadores brancos incorporassem ritmos africanos em seus cantos e danças de rua, mesmo quando utilizados em procissões religiosas, como a de *Corpus Christi*, que era uma das mais vistosas. Surgiam, assim, as vertentes erudita e popular da música produzida no Brasil.

Os negros que vieram, e não apenas para o Brasil, eram capturados nas mais diversas regiões da África. Era gente que nem se entendia, nem falava a mesma língua, uma vez que pertencia a diferentes culturas africanas. Ao chegar aqui, essas culturas se misturaram e deram um componente africano-brasileiro que se fundiu, também, com a cultura europeia e seu catolicismo.

Uma característica em comum entre os diversos povos africanos era o que passou a ser chamado de batuque, usado tanto em cerimônias religiosas como em folganças, em divertimentos. Mas o que caracteriza a música africana é mesmo a percussão, o bater de palmas, dos tambores. Ao usar instrumentos de corda, a ênfase é também sobre o ritmo. O que podemos considerar uma contribuição verdadeira à nossa música é a percussão. Da percussão usada nas brincadeiras fora dos terreiros, surge o samba, mas, antes disso, houve a polca, o lundu, que eram também formas negro-brasileiras de brincar, derivadas dessa coisa genérica chamada batuque.

No século XVIII, o crítico ressalta a importância do mulato Domingos Caldas Barbosa (nascido no Rio de Janeiro entre 1738 e 1740, e falecido em 1800, em Portugal), criador da modinha, um gênero musical novo, que fez um sucesso estrondoso na corte portuguesa.

Na primeira metade do século XIX, o destaque musical é dado aos barbeiros, ofício sempre exercido por negros. Por se tratar de uma atividade que propicia momentos de ócio e que requer habilidade manual, os barbeiros puderam ocupar o tempo livre para o aprendizado de instrumentos musicais mais aprimorados, como a rabeca e a trombeta, que foram conciliados com instrumentos de sopro, de cordas e de percussão. Sem professores e sem academicismo, os barbeiros aprenderam a tocar "de orelha", com grande liberdade, e começaram a formar conjuntos, nos quais tocavam por prazer puramente estético, geralmente executando ritmos mais alegres. Mais tarde, passaram a ser convidados para animar festas e comemorações, de fundo religioso ou não. Essa "música de barbeiros", como era conhecida na época, serviu de semente tanto para os grupos de choro quanto para o samba.

Quando perguntado pelo poeta e letrista Vinicius de Moraes (1913-1980) se existia, de fato, uma música que pudesse ser chamada de brasileira, o maestro e compositor Tom Jobim (1927--1994) respondeu:

> Sim, se chamarmos de música brasileira o amálgama de todas as influências recebidas e assimiladas, tornadas nossas pelo contato com a furiosa realidade brasileira. [...] A música popular brasileira tem, sobretudo, como característica, uma base rítmica negra. [...] A verdade é que a velha cultura europeia encontrou aqui um solo fértil e novo[11].

[11]In: *Música popular do Brasil*. Edição Beatriz Borges. São Paulo, 1990. p. 13.

Ou seja, a famosa frase da carta de Pero Vaz de Caminha afirmando que, no chão da nova terra, "em se plantando, tudo dá", podia se estender, também, à colheita musical.

O historiador José Ramos Tinhorão também é autor de obras como: *Música popular, os índios, negros e mestiços* (1972); *Os sons dos negros no Brasil – Cantos, danças, folguedos: origens* (1988); *As festas no Brasil colonial* (1999); e *Cultura popular: temas e questões* (2001).

Entrelaçamento de histórias

Um dos grandes tesouros trazidos pela literatura é o fato de podermos aproximar uma obra de outra, um texto em estilo diferente de outro, um autor de outro... Chamamos a isso de intertextualidade, quando um texto conversa com outro, seja pela afinidade, seja pela diferença, seja pela coincidência de abordagens.

Costumamos fazer isso intuitivamente, quando associamos uma obra que lemos a outra obra ou a uma manifestação artística. Esse exercício enriquece a leitura literária das crianças, dos jovens e dos adultos. A partir de temas que pudemos identificar nas literaturas vindas da África ou na produção que a tematiza, criamos algumas leituras possíveis, com um entrelaçamento que lembra um tecido em palha, como um artesanato. Na verdade, nossas palavras pretendem cruzar histórias e oceanos.

Até que ponto a História é construída por meio da oralidade? Até que ponto a escrita compromete o conjunto de ideias e vivências proporcionadas pela narrativa oral? Sem desprezar a importância da memória dos narradores, acreditamos que uma literatura de qualidade também é capaz de expressar, verdadeiramente, as características de um povo e de sua cultura.

Neste livro que fala de livros, tentamos mostrar o poder que a literatura tem de mobilizar razão e emoção, de propor indagações, de servir de ferramenta de busca para o autoconhecimento.

Como foi dito no início da obra, a leitura literária é capaz de nos sensibilizar para as diferenças, é capaz de nos fazer viver outras realidades. E a partir dessas vivências, ainda que subjetivas, talvez sejamos capazes de criar novos valores e paradigmas. De beleza. De relações humanas. De identidade. De nação.

Da *oratura* à **literatura**

Eu perguntei à Fortuna
do que é que eu viveria.
Ela então me respondeu
que o tempo me ensinaria.
(autor anônimo)

Antes do advento da escrita, todas as sociedades primitivas tinham a sua "oratura", ou seja, seu "conjunto de saberes, fazeres e crenças retidos oral e mnemonicamente", conforme definição encontrada no *Dicionário Houaiss da Língua Portuguesa* (2001, p. 2075). É na oralidade, portanto, que se encontra a fonte de toda literatura.

Mal teve início a discussão a respeito da sobrevivência dos livros de papel, num tempo futuro, e ela já é atropelada por um novo questionamento: até que ponto os *sites* de busca na internet poderão ocasionar uma menor capacidade de memorização entre os mais jovens? É uma questão grave que se apresenta e que demanda reflexão, pois o que está em jogo é a própria história da humanidade.

O diplomata e escritor Ahmadou Hampâté Bâ (1901-1991), nascido no Mali, dedicou parte de sua vida à luta pela preservação das tradições orais africanas. Sobre essa questão da memória, ele salienta que saber e escrita são coisas distintas: a escrita (os livros) não é o saber em si; o saber está dentro do homem[12]. O que

[12]A palavra negra africana e mali, terra de Ahmadou Hampâté Bâ. Prof. dr. Saddo Ag Almouloud, presidente do Fórum África. In: *Programa de Estudos Pós-Graduados em Educação Matemática* – PUC/SP.

acontecerá com o saber de uma humanidade sem memória, transmitido sem a emoção da voz humana?

[13]*Tradição oral africana e literatura no contexto escolar: uma contribuição das literaturas de Angola, Cabo Verde e Moçambique para a aplicação da Lei nº 10.639/03 em contexto brasileiro.* Simone Caputo Gomes – Universidade de São Paulo. Arquivo em PDF.

Na avaliação do escritor angolano Manuel Rui[13], muito se perde na passagem da oralidade à escrita. Para ele, o texto oral é, a um só tempo, falado, ouvido e visto, pois costuma ser acompanhado por gestos, expressões faciais e danças, além das inflexões da voz. Perde-se, também, o ritual de ver a comunidade reunida ao redor das fogueiras. Perde-se a companhia das árvores.

Para muitos povos africanos, a palavra falada é associada a uma origem divina, sendo o homem o único animal capaz de utilizá-la. Daí sua importância, o seu caráter sagrado. Daí a necessidade de se fazer uso da palavra exata: devido a seu caráter mágico, o uso leviano da palavra pode provocar a ruptura da harmonia. E qual seria a palavra exata? Aquela que segue a tradição e o conhecimento legados pelos ancestrais.

Os provérbios e adivinhas são formas de memorizar a experiência humana. Com seu viés didático e moralizador, ajudam a fixar o saber ancestral. São verdadeiras histórias condensadas. Provérbios e adivinhas costumam ser utilizados na apresentação de problemas que surgem dentro das comunidades – como disputas familiares ou territoriais, como enfrentar períodos de escassez de alimentos – e também na busca de consenso para solucionar esses mesmos problemas.

Em *O segredo das tranças e outras histórias africanas*, recontadas por Rogério de Andrade Barbosa, cada um dos contos é precedido por um provérbio escrito na língua original do povo a que se refere.

O conto angolano que dá título ao livro narra a história de um homem que, aborrecido com o mau humor de suas duas esposas e seduzido pela beleza de uma jovem viúva que possuía um filho pequeno, parte com ela e a criança para um lugar distante. Anos depois, quando o jovem chega à idade de passar pelas provas de iniciação, os três resolvem regressar à aldeia. No caminho, são aprisionados pelos guerreiros do chefe das terras onde pararam para dormir. Por esse desrespeito, o homem é condenado à morte. A solução para o conflito surge a partir da revelação dos segredos guardados em cada uma das quatro tranças do protagonista. Cada um desses segredos é uma espécie de provérbio que sintetiza as situações vividas por ele.

No conto *João Esperto*, encontrado no livro *Histórias de tia Nastácia*, de Monteiro Lobato, João faz uso de artifício semelhante para escapar da morte e, assim, ganhar a mão da princesa. Em seu percurso até o palácio real, o menino se defronta com uma série de situações e acontecimentos, que ele transforma numa charada (adivinha) impossível de ser decifrada pela princesa.

No sensível conto *Ynari, a menina das cinco tranças*, do escritor angolano Ondjaki, um velho muito velho, que inventa palavras, e uma velha muito velha, que destrói palavras, são os anciãos da história. Em equilíbrio de forças, cabe a eles dois a guarda do poder das palavras que dão fecho à história.

Com a ajuda de um homenzinho muito pequeno, a menina faz suas descobertas, ao mesmo tempo que descobre o valor das palavras e a importância que têm na vida das pessoas, dos povos, na guerra e na paz. A palavra, mais uma vez, retoma o seu caráter sagrado.

Ynari foi-se deitar e teve um sonho com muitas palavras novas. Durante o sonho, um velho muito velho que explica o significado das palavras explicou-lhe o que queria dizer a palavra "permuta". Ela fez muitas perguntas a esse velho muito velho e finalmente pensou que uma permuta era uma troca justa, em que alguém dá alguma coisa e também recebe algo, pode não ser do mesmo tamanho, ou da mesma cor, ou até do mesmo sabor... Mas Ynari entendeu que numa permuta é bom que duas pessoas, ou dois povos, fiquem contentes com o resultado dessa troca (p. 27).

Longe, porém, de se restringir aos mitos, lendas, contos, provérbios e adivinhas, a transmissão oral se estende às ciências e às artes, abrangendo todos os saberes que constituem a identidade cultural de um povo.

 Os **griôs**

Dotados de memória prodigiosa, os griôs são artesãos da palavra. Como os antigos aedos gregos, que apresentavam suas composições acompanhadas pela cítara, os griôs também contam suas histórias com o apoio de instrumentos musicais.

No livro *Homens da África*, o escritor Ahmadou Kourouma, nascido na Costa do Marfim, nos diz que a figura do griô surgiu no Mali, na Idade Média, criada pela antiga civilização mandinga, da qual se originaram diversos grupos étnico-linguísticos. Nesse antigo reino, cada príncipe tinha o seu griô, que funcionava como uma espécie de conselheiro particular.

Considerados verdadeiras bibliotecas vivas, esses homens e mulheres, cuja profissão é hereditária, são capazes de narrar, com emoção e riqueza de detalhes, os feitos de seu protetor e de seus ancestrais, de maneira a louvar a memória da genealogia dos clãs. Devido à sua importância, em casos de guerra, os griôs não podiam ser presos ou mortos.

Atualmente, só os ricos têm seus griôs particulares. Mas há também os que, sem pertencer a ninguém, circulam livremente entre as aldeias, anunciam novidades de interesse geral para as pessoas, medeiam conflitos entre pessoas ou famílias, fazem comentários satíricos ou políticos, montam espetáculos em praças públicas e, sobretudo, contam histórias que tragam algum ensinamento.

Em *Lendas da África moderna*, texto de Heloisa Pires Lima e Rosa Maria Tavares Andrade, as autoras contam algumas histórias do griô Fasseké, que viaja pelo tempo e pelo mundo. Um dos aspectos interessantes desse livro, e que caracteriza outras obras de Heloisa, é a maneira como as histórias são contadas, uma mescla de informação e ficção.

Além das histórias de Fasseké, semelhantes às fábulas, a obra nos mostra como são construídas as lendas, cujas origens não conseguem ser situadas nem no tempo, nem num espaço definido. À moda dos griôs, que louvam seus patronos, as autoras narram a trajetória de *Madiba: a lenda viva!*, sem que seja necessário mencionar o nome de Nelson Mandela, pois Madiba é um modo de nomeá-lo.

Afirmar qual a origem de uma história é, de fato, uma tarefa complexa. Lendas indígenas brasileiras têm, às vezes, enredo semelhante ao de um conto de fadas. Como pode ser? Tomemos o exemplo do conto *A morte da velha bruxa*, do autor indígena Daniel Munduruku, que está na obra *As serpentes que roubaram a noite e outros mitos*. A narrativa, como no clássico *João e Maria*, dos irmãos Grimm, apresenta um casal de irmãos que é abandonado pelos pais na floresta. Uma bruxa encontra-os e decide engordá-los para depois os comer. No ápice da história, no momento de confronto, os olhos da malvada bruxa transformam-se em dois cães ferozes, que logo se amansam quando se joga água sobre eles, o que nos remete ao conhecido conto de Andersen, *O isqueiro mágico*.

Como será que um povo que habita a Floresta Amazônica traz na sua tradição oral contos com tantos elementos da cultura europeia? A mesma questão segue para a África.

O intrigante conto *Duula, a mulher canibal*, de Rogério Andrade Barbosa, é resultado de cuidadosa pesquisa do autor, que colheu inúmeros relatos da tradição oral somali. Acompanhado do belíssimo trabalho de ilustração de Graça Lima, ele conta a história da monstruosa mulher que só gostava de comer carne humana e queria devorar os gêmeos, Askar e Mayran.

O curioso é que, durante a narrativa, há trechos que parecem cópias dos contos clássicos infantis. As duas crianças gêmeas, um menino e uma menina, ora passam por situações similares às de João e Maria, ora mantêm um diálogo com o monstro que parece uma repetição da fala do Lobo Mau com Chapeuzinho Vermelho.

No conto somali, para escapar da mulher canibal, as crianças contam com a ajuda do mar. Seria o mesmo Mar Vermelho que se abriu para permitir a fuga dos hebreus, narrada na Bíblia?

Será coincidência ou as histórias se entrelaçam mundo afora? Rogério, em notas do livro, defende a tese de que os contos populares têm uma origem comum e são remodelados e adaptados de acordo com o meio ambiente e habilidade dos narradores.

 ## De letra em letra **a história é feita**

O colonialismo mascarou a arte tradicional das narrativas africanas: o dom da fabulação em oratura. Após a independência de Angola e Moçambique, uma nova literatura infantil e juvenil começou a aparecer nos anos 1980.

Tornou-se necessário apresentar à criança e ao jovem uma escrita com ideologia nacionalista e com diferentes olhares sobre a guerra e as transformações sociais decorrentes.

Dentro desse contexto, o escritor angolano Pepetela escreveu e publicou *As aventuras de Ngunga* (1973)[14], sua única obra dirigida ao público infantil. Os textos, independentes entre si, falavam das tradições de Angola e traziam descrições detalhadas da flora e da fauna do país. Posteriormente, Pepetela

[14]Portal da literatura. Disponível em: <http://www.portaldaliteratura.com/livros.php?livro=3592#ixzz1amjaYjy6>. Acesso em: 11 out. 2011.

criou um fio condutor para dar unidade à narrativa e transformá-la numa história.

Escrito durante a guerrilha, da qual o autor participou ativamente como militante do Movimento Popular de Libertação de Angola – MPLA, o livro tinha, acima de tudo, uma função didática. Além de exaltar e divulgar os ideais políticos do movimento, o texto deveria ser utilizado, nas escolas, como livro de leitura para o ensino da língua portuguesa. A tradução para a língua mbunda visava a permitir que as crianças também aprendessem a ler no seu próprio idioma.

O livro narra a trajetória de Ngunga, um menino órfão de 13 anos, cuja força de caráter e honestidade deviam servir de exemplo para outros jovens. Suas vivências pelo interior do país, os sofrimentos a que é submetido e as injustiças que presencia fazem com que ele se transforme num homem íntegro, capaz de pensar pela própria cabeça.

Aos poucos surgem livros com recolhas dos contos tradicionais, ao lado de obras inovadoras, com nomes como Luandino Vieira e Mia Couto. Hoje, os dois países continuam a lutar pela consolidação do mercado editorial e por políticas públicas de incentivo à leitura.

Nos demais países africanos que têm o português como língua oficial, a produção literária para crianças e jovens ainda é incipiente. Não que faltem escritores, mas, como acontece em outros lugares, a literatura infantil não é muito valorizada e conta com pouco investimento de governos e editores. Em seminário realizado em 2011, no Salão do Livro Infantil e Juvenil, no Rio de Janeiro, o escritor cabo-verdiano Leão Lopes disse que, em seu país, havia poucos títulos de literatura infantil publicados.

Unine, um conto, uma quase recolha, adaptada livremente por Leão Lopes, foi editado em 1998, pelo Instituto Camões em Praia, Cabo Verde. É uma homenagem à memória perdida e à canção que permaneceu como lembrete de uma narrativa tradicional.

Unine é uma menina de beleza especial, por quem o Sol se apaixona. Sua mãe, com medo de perdê-la, esconde-a em uma gruta para que não seja vista por ninguém. Para alimentá-la, a mãe se faria anunciar por uma cantiga. O Sol se inquieta e sai todos os dias à procura de sua amada. O mundo, por temer que o Sol sucumbisse, resolve ajudá-lo.

Animais, homens e entes imaginários do mundo dos sentidos se unem para buscá-la. Descobrem que a música é a senha que permite sua liberdade.

Em prosa lírica, o autor descreve Unine:

> Espalhou-se por todos os povoados que se procurava a criatura mais bela. Uma criatura estranha, não se sabia donde vinha tanta beleza. Se de seus olhos de codorniz, ora cinzentos, ora verdes, ora laranja; se da cor púrpura da sua pele, como um céu em crepúsculo de dezembro; se de seus esguios e delicados dedos, se de suas frágeis e alongadas pernas de íbis da ribeira, se da luz mágica e estranha que emitia do seu sorrir (p. 8).

No Brasil, a editora Língua Geral reforça o movimento de valorização da literatura lusófona de origem africana com a Coleção Mama África.

A África que nos chega agora vem de difíceis transições do colonialismo para governos independentes. Conflitos ancestrais tornaram-se guerras sangrentas – que resultaram em elevado índice de mortes –, muitas vezes seguidas por golpes de Estado e instauração de ditaduras corruptas, interessadas em assegurar privilégios para poucos.

O autoritarismo, tanto lá como cá, gerou narrativas inteligentes e divertidas na produção para o público infantil, e revelou autores talentosos que proferem a liberdade a partir de uma realidade restrita e destruída.

A novela *Quem me dera ser onda*, de Manuel Rui, mescla ingenuidade e comicidade, mas o alvo é seríssimo. Por meio de um limpo olhar infantil, Manuel Rui compõe uma forte crítica ao autoritarismo enquanto nos toca com a história bem-humorada da amizade de dois meninos e um porco. As situações hilárias criadas pelo autor dizem muito sobre políticas arbitrárias e opressivas.

O texto também permite um estudo interessante no que diz respeito aos usos da língua portuguesa. Fiel à oralidade, o falar angolano do dia a dia é apresentado ao leitor brasileiro com sua sintaxe e seu vocabulário peculiares, enriquecido por deliciosos neologismos, como *peixefritismo*.

Construído predominantemente à base de diálogos, os fatos se desenrolam diante do leitor quase como um filme ou peça de teatro. Nesse sentido, é possível encontrar alguma semelhança com os textos escritos por Lygia Bojunga, ainda que a abordagem dos temas seja bem distinta entre os dois autores.

A novela *A revolução dos bichos,* escrita pelo inglês George Orwell e publicada em 1945, traz uma forte crítica aos regimes totalitários, em particular quanto aos rumos tomados pela Revolução Russa de 1917.

Na sátira de Orwell, os animais – liderados pelos porcos – expulsam os donos da granja onde vivem e passam, eles mesmos, a controlar toda a produção. Pouco a pouco, os ideais revolucionários degeneram numa tirania mais cruel do que a dos humanos. O mandamento dos revoltosos que diz "Todos os animais são iguais" transforma-se em "Todos os animais são iguais, mas alguns são mais iguais do que os outros".

Até que ponto é possível estabelecer algum paralelo entre a novela de Manuel Rui e a de George Orwell?

Vale recordar que foi nos anos de ditadura militar, com a rigidez da censura e o bloqueio da liberdade de expressão, que a literatura infantil e juvenil brasileira aflorou. Obras irreverentes, críticas ao sistema político, chegaram ao público nas fantasias dos contos infantis.

Marcada pela busca da paz, a história de Ynari, citada anteriormente, traz elementos de ideologia e crítica política. A metáfora das cinco tranças e as palavras que a menina Ynari aprende nos fazem lembrar a obra *Correspondência*, de Bartolomeu Campos de Queirós. Um mestre no trabalho com metáforas, Bartolomeu já na epígrafe proclama: "As palavras sabem muito mais longe."

De forma poética, o texto abre novos sentidos para palavras corriqueiras:

> Palavras que amamos tanto, há muitos anos, dormem em dicionário. Hoje tirei do sono três palavras para dar de presente a você: Livre, Terra e Irmão.
>
> Quando escritas, lê-se poesia; se faladas, são melodia; somadas, fazem novo dia [s. n.].

Escrita em forma de texto para teatro infantil e juvenil, *A caçada real*, do angolano Zetho Cunha Gonçalves, acompanha as obras de engajamento político. A linguagem coloquial dá sabor e graça à saga do Rei Leão que está no poder há 70 anos. A obra explora com comicidade as ditaduras que, indefinidamente, ainda perduram mundo afora. Nós, brasileiros, conseguimos identificar sem dificuldades o *nonsense* da situação.

Também no Brasil diversos autores e obras trazem como tema a insensatez do poder. Dentre eles, podemos citar Sylvia Orthof, em *Mudanças no galinheiro, mudam as coisas por inteiro*, dentre várias da mesma autora; *O reizinho mandão*, de Ruth Rocha; *Era uma vez um tirano*, de Ana Maria Machado; e *O rei de quase tudo*, de Eliardo França, que já são clássicos em nossa literatura. Este último foi adaptado para o teatro por José Luiz Ribeiro.

Além da política, as lendas e os mitos serviram como base para um grande número de recontos, de diferentes autores africanos, e estão publicados por diversas editoras. Por meio deles, passamos a conhecer um pouco mais das culturas. *Ulomma – A casa da beleza*, do livro homônimo, primeiro trabalho do nigeriano Sunny, provém dos contos do povo igbo, um dos três maiores entre os mais de cem que povoam a Nigéria. É uma das histórias que o autor ouvia nas noites de lua cheia ou nova, com os sete irmãos e a família debaixo das mangueiras na aldeia, na cidade de Nkalagu, oeste do país. Com o intuito de passar ensinamentos importantes, essas histórias eram acompanhadas de música, canto e dança.

A obra, com ilustração de Denise Nascimento, traz um rei ansioso por um herdeiro para sucedê-lo. O enredo apresenta uma sociedade patriarcal, na qual o papel feminino está determinado para a geração e criação dos filhos. Ulomma, uma das sete esposas do rei, era estéril e, por isso, repudiada por todos. As outras esposas, por sua vez, só lhe davam filhas. A exigência de um rebento do sexo masculino para sucessão era de tal ordem que o rei mandaria matar a próxima filha que nascesse. Sua atitude despótica está em conformidade com o clima traiçoeiro existente entre as esposas, ambiciosas pela predileção do soberano. Elas sabiam que dar-lhe o filho tão almejado seria o caminho para estar acima de todas as outras.

O drama da mulher infértil, caracterizado pela rejeição e humilhante desprezo por que passa Ulomma, faz o contraponto à maldade. Feitiço e sabedoria acompanharão a heroína. Algumas ilustrações apresentam Ulomma grávida, o que sugere uma homenagem à Mãe África, berço da humanidade.

No universo poético do premiado autor moçambicano Mia Couto, na obra *A chuva pasmada*, em edição de Portugal, pela Editorial Caminho, entramos em contato com a diversidade de influências que se mesclam no cotidiano da população de Moçambique. A história se passa numa aldeia africana onde, de repente, a chuva fica suspensa no ar, sem alcançar o chão. O leito do rio já está seco e há necessidade da chuva. Será maldição ou culpa de uma fábrica próxima que polui tudo em volta? O que vai resolver o caso fantástico da chuva pasmada? Magia ou uma atitude dos donos da fábrica?

Esse conto, que mistura a tradição e o contemporâneo, é um relato lírico de um menino que vive com o pai, a mãe e o avô, e nos permite perceber uma feição de Moçambique:

E talvez, então, a chuva se resolvesse a tombar e a despenhar daquela meia dúzia de palmos de altura onde se suspendera.
A voz de meu pai me trouxe ao mundo:
— Vai ser assim que o avô vai morrer.
— Assim, como?
— Seu avô vai secar.
O nosso mais-velho estava minguando, empedernido, desde que ficara viúvo. Emagrecera tanto que, quando saíamos para o campo, o amarrávamos à perna da cadeira, e à varanda com medo dos ventos da tarde. Era assim que o deixávamos, sentado, olhando o rio. Apenas a cadeira sagrada da avó Ntoweni lhe fazia companhia.

Na família reinava a crença de que Ntoweni ainda ali se sentava, a escutar os sonhos do seu não falecido esposo. Os dois eram como a aranha e o orvalho, um fazendo teia no outro. Quando regressávamos, no final do dia, o avô ainda ali estava. Seus olhos já tinham consumido toda aquela paisagem (p. 12).

Com simplicidade, Mia Couto nos transporta ao coração de um povo que já sofreu muito e se abre para a esperança de um milagre. Ou como ele escreve: "Milagre é o coração começar sempre no peito de outra vida."

Em prosa poética, o mesmo autor compõe *O beijo da palavrinha*, e o relato flui em um constante combinar, rimar e desmembrar vocábulos para deles deixar escapar ideias como: "Pois a letra 'm' é feita de quê? É feita de vagas, líquidas linhas que sobem e descem."

Em *Brincando, brincando não tem macaco troglodita*, Zetho Cunha Gonçalves utiliza elementos da oralidade para trazer ao público brasileiro, sob a forma de versos que fazem graça com as sonoridades, parte do universo da fauna de seu país. O mote "brincando, brincando", que se repete entre as estrofes, cede lugar ao *nonsense* e possibilita que os leitores continuem a brincar com bichos e palavras.

Brincando, brincando
Tirando o chapéu ao avô
O periquito irrequieto
Dá com o bico na crista do galo careca (p. 12).

No humor e no lirismo contidos nos versos de Zetho e de Mia Couto, percebe-se o quanto se aproximam aos da nossa cultura popular.

O que é, o que é?
Enquanto come ele vive,
Quanto mais come mais corre,
Toda vez que bebe água,
Não tem jeito, sempre morre?

Essa adivinha está na publicação *Cultura da terra* (p. 70), escrita e ilustrada por Ricardo Azevedo. A obra traz contos, quadras, adivinhas, receitas e mitos populares de cada uma das regiões do Brasil. O material reunido mostra as diversas formas de como a cultura popular é comunicada e identificada com cada região do nosso país.

No Brasil, a transmissão do conhecimento por meios lúdicos, como se não passasse de uma brincadeira, é popular. Está nas cantigas de roda, no cordel, na boca do povo, mas também está presente na literatura escrita dos poetas. Cecília Meireles, com seu *Ou isto, ou aquilo*, talvez tenha sido a primeira, aqui no Brasil, a escrever tão livremente poemas para crianças. O fato é que temos uma rica produção poética, que se vale do bom humor e da plasticidade das palavras, como *Ponto de tecer poesia*, de Sylvia Orthof.

E assim a literatura nos aproxima da África. Essa África que está tão dentro de nós.

 O jeito de cada **um**

> Eu te vi e tu me viste,
> tu me amaste e eu te amei,
> qual de nós amou primeiro
> nem tu sabes, nem eu sei.
> (autor anônimo)

Como já vimos, a rica variedade cultural do continente africano pode ser explorada em obras literárias e recontos de autores brasileiros e estrangeiros de língua portuguesa, ou traduzidos. Reconhecer as semelhanças nas diferenças e vice-versa é uma ajuda para articular diversidades e favorecer a integração com o outro.

Há traços que identificam costumes e hábitos de cada povo da África em particular, mas há certos aspectos que, de tão constantes, permitem ser generalizados como "africanos". Um deles é a identidade com a família, âmago da vida social naquele continente, onde o indivíduo tem a sua identidade no núcleo familiar.

 A minha família, **a sua família**

Ao ler o artigo do jurista e professor angolano Francisco Queiroz, *A família em Angola e o Direito*, a respeito dos desafios para normatizar o direito de família em Angola, e também o que expõe a publicação de 1998, do anuário do governo da África do Sul (*South*

Africa Yearbook), evidencia-se uma realidade social caracterizada pela justaposição de valores e referências espirituais da cultura tradicional e valores e referências da cultura ocidental, advindas do colonialismo e da globalização. Por força dessa combinação cultural, passaremos a considerar dois grandes tipos de organização familiar em relação à sociedade africana: família tradicional (do tipo clânica) e família do tipo europeu (do tipo nuclear).

A família do tipo europeu é a que se conforma à legislação da maneira como estamos acostumados, isto é, normatizada e sujeita a uma jurisdição determinada. Porém, o que percebemos é que nos locais de maior influência dos costumes ocidentais, especialmente nos meios urbanos, as famílias têm se organizado de modo misto e conjugam elementos do tipo tradicional e do tipo europeu como uma forma de transição cultural. Isso gera discrepâncias quanto ao seu enquadramento legal e, principalmente, muita discussão no que diz respeito aos direitos da mulher, como percebemos nos artigos de Maria José Arthur e Irene Afonso, publicados no boletim *Outras vozes*, do *site* Women and Low in Southern Africa[15]. Com tantos anos seguidos de guerras e violência, a agressão ao meio rural e o abandono de certas áreas de origem devem, seguramente, ter provocado mudanças e desenvolvido formas de ajustamento e conservação da ordem tradicional. Os fatores de modernização da sociedade são mais ativos nas cidades, mas, por outro lado, as práticas tradicionais não desaparecem com muita facilidade. A família continua como a unidade base da sociedade, independentemente das formas de organização familiar existentes. Então, o que pode ser considerado uma norma costumeira?

[15]Disponível em: <http://www.wlsa.org.mz/>. Acesso em: 10 out. 2011.

A organização familiar do tipo europeu pode apresentar-se na forma de família nuclear – formada por pai, mãe e filhos – ou organizada de modo eclético, conjugando elementos do tipo tradicional e do tipo europeu, muito comum nos meios urbanos, o que representa uma forma de transição cultural do sistema familiar tradicional para o europeu, ou vice-versa.

É o caso, por exemplo, da realidade familiar dos meninos que são personagens dos contos de *Os da minha rua*, do angolano Ondjaki (2007), em que é possível identificar uma estrutura familiar do modelo nuclear, de um casal e os seus filhos. Nessa obra, em tom autobiográfico, o autor faz um retrato da vida cotidiana de meninos que moram numa mesma rua da cidade de Luanda. Da rotina urbana que inclui a escola, os professores cubanos, os divertimentos e a vida de casa, ele escreve:

> Depois do almoço o pai e a mãe sempre descansavam. O meu pai, logo a seguir à refeição, gostava de comer qualquer doce e depois ia dormir um bocadinho. A minha mãe, que dava aulas à tarde, também tinha esse hábito de adormecer ali no sofá, nem que fosse só por 15 minutos.[16]

[16]Texto extraído do conto *A professora Genoveva esteve cá*, p. 41.

Na estrutura tradicional, os membros da família reconhecem a sua descendência a partir de uma mesma linhagem antepassada. Esse tipo de família predomina nos meios rurais, mas vigora também em largas faixas da população urbana, independentemente do estrato a que pertençam os seus membros. A família se define em um ancestral comum conhecido, presente na memória das pessoas, como um bisavô ou mesmo um antepassado mais distante. A autoridade espiritual sobre o indivíduo, mesmo quando ele migra, é aquela da sua origem, que está ligada à sua família clânica. Cultuado, o ancestral está em contato com os familiares vivos e interage na vida deles.

A família tradicional é em regra extensa e pode ser poligâmica. Em geral, em sistema de patriarcado, a família tem como sustentáculo algum ancestral ou ancião, em vez de um único casal parental. Daí se amplia a parentes distantes e contraparentes, e forma o que se denomina de família extensa ou clã. Nessas culturas todos são *irmãos*, e as denominações *primo* e *tio* não existem na língua falada.

Há pouco tempo, houve polêmica sobre aspectos da origem africana do presidente norte-americano, Barack Obama. Surgiram versões de que sua mãe teria sido covardemente abandonada pelo pai, denotando incivilidade e irresponsabilidade por parte dele. Em seu livro denominado *A origem de meus sonhos*, Obama, entre outras coisas, esclarece aspectos culturais das raízes de seu pai, um queniano do povo luo, e seus diversos casamentos e filhos.

Essa realidade também está presente na biografia de Nelson Mandela, escrita para crianças por Rogério Andrade Barbosa, na obra *Madiba, o menino africano*, ilustrada por Renato Alarcão. Nela sabemos que Nelson Mandela tinha o carinhoso apelido de Madiba e era descendente de uma linhagem de importantes chefes conselheiros do rei. Seu pai tinha quatro esposas e treze filhos. Mandado para estudar na grande cidade de Johannesburgo, conservou o respeito às tradições e costumes. Aos 16 anos, retorna ao seu povoado de origem para passar pelo ritual da circuncisão, que marca o ingresso dos rapazes na vida adulta.

Mandela envolveu-se na oposição ao regime do *apartheid*, que negava aos negros, maioria da população da África do Sul, direitos políticos, sociais e econômicos. Isso o levou a longos anos de prisão. Venceu as adversidades, chegou à presidência da África do Sul, em 1994, e tornou-se um dos líderes humanitários mais conhecidos da história.

 Tempo, tempo, **tempo...**

Acolhidos como aqueles que mais receberam a sabedoria dos ancestrais, os velhos têm um papel relevante na organização social do grupo, em quase todo o continente africano. Cabe a eles a transmissão de conhecimento aos mais jovens, e sua experiência e saber de vida devem ser tomados como exemplo. Para ressaltar a importância do papel dos anciãos, o escritor Ahmadou Hampâté Bâ cunhou uma frase que se tornou famosa, quase um provérbio: "Na África, cada velho que morre é uma biblioteca que se queima."

Em *Rio sem margem – Poesia da tradição oral*, primoroso trabalho de recolha de poemas de tradição oral angolana, de Zetho Cunha Gonçalves, recém-publicado em Portugal pela editora NósSomos, é possível verificar o sentimento de confiança consagrado aos ancestrais:

O QUE NÃO FOI POSSÍVEL AOS ANCESTRAIS

— O que não foi possível
aos ancestrais?
— Espetar um pau numa rocha.
Porque ainda hoje não é possível.
— O que não foi possível
aos ancestrais?
— Fazer fogo na água.
Porque ainda hoje não é possível.
— O que não foi possível
aos ancestrais?
— Secar farinha na água.
Porque ainda hoje não é possível.
— O que não foi possível
aos ancestrais?
— Contar as estrelas e as árvores da floresta.
Porque ainda hoje não é possível.
— O que não foi possível
aos ancestrais?
— Cumprimentar um Espírito.
Porque ainda hoje não é possível.
— O que não foi possível
aos ancestrais?
— Andar de barco na montanha.
Porque ainda hoje não é possível.

Os contos, os mitos, as lendas, as histórias exemplares, ao lado dos provérbios, adivinhas e ditos populares, constituem alguns dos principais vetores de transmissão de valores do grupo. Mais do que divertir, porém, esse saber ancestral prioriza os ensinamentos.

É interessante observar que, entre os vários povos indígenas brasileiros, muitas das tradições, valores e ensinamentos também são transmitidos, geração após geração, pelos mais velhos. Como guardiões da história e da cultura de seu povo, são reverenciados por todos os habitantes da aldeia.

O escritor indígena Daniel Munduruku dedicou uma obra ao seu avô, *Meu avô Apolinário*, com ilustração de Rogério Borges, na qual lembra que, na sua infância, todas as noites, os parentes se reuniam para ouvir as histórias contadas pelos velhos e velhas da aldeia. Ele descreve as emoções que esses relatos provocavam, às vezes, medo, outras, ansiedade, com histórias que alimentavam a fantasia, mas eram ensinamentos. E ficaram para sempre guardados na memória.

A menção sobre o respeito prestado aos mais velhos é quase obrigatória nas obras que pretendem colaborar para um melhor conhecimento das culturas africanas. A autora franco-senegalesa Sylviane A. Diouf, doutora em Culturas da África, em sua obra para crianças, *As tranças de Bintou*, caracteriza o ancião na personagem da vovó Soukeye, aquela que sabe de tudo, porque viveu mais e por isso aprendeu mais. Realidade presente no enredo de *Uma ideia luminosa*, reconto da Eritreia, pequeno país do nordeste da África, de autoria de Rogério Andrade Barbosa. Um ancião, reunido em uma cabana com as crianças de sua aldeia, relata a história de um pai que propõe um desafio para escolher qual, dentre seus três filhos, será seu sucessor. E, no seu conto, o idoso mostra que a solução viria do uso de raciocínio e de sabedoria.

Nos tempos atuais, a autoridade do ancião, no entanto, está sujeita a controvérsias. Considerados, em certas circunstâncias, opressores dos direitos das mulheres, os anciãos têm sido contestados e seus poderes, limitados.

 O mercado e **a feira**

Em muitos países, a feira é um território de congraçamento de etnias e povos. Por seus diferentes ecossistemas – o deserto, a savana, a floresta, as zonas intermediárias –, a troca de produtos é intensa e diversificada. Como diz Alberto da Costa e Silva em *Um passeio pela África*, as cidades africanas modernas são semelhantes às brasileiras ou às europeias, porém são diferentes no fato de que se vive muito mais nas ruas do que em casa. E os mercados são o lugar de informação e difusão de notícias, onde se discute e se arbitra sobre decisões comunitárias.

Desde a mais remota antiguidade, o interior da África foi cortado por rotas de comércio de longa distância que levam aos mercados e centros de troca. Extensos caminhos percorrem o interior do continente africano e se cruzam numa verdadeira rede de comunicação.

Essas compridas estradas, abertas para o comércio, parecem acompanhar o imaginário, fazendo-se presentes em muitos contos. E a importância do comércio faz dos mercados e feiras constantes cenários de histórias, tanto das provenientes da África como também em recontos de autores brasileiros. Alguns deles podem ser lidos na publicação *Princesas africanas*, em Cadernos de Leituras Compartilhadas[17]. Por exemplo: *A donzela, o sapo e o filho do chefe* e *Os três cocos*, ambos de Maria Clara Cavalcanti de Albuquerque.

Em *As pérolas de Cadija*, primeiro dos sete contos da COLETÂNEA GOSTO DE ÁFRICA, HISTÓRIAS DE LÁ E DAQUI, de Joel Rufino dos Santos, ilustrado por Cláudia Scatamacchia, percebemos outros aspectos culturais.

O relato começa quando Cadija, uma menina do Senegal, fica órfã de mãe e encarregada de cuidar do irmãozinho. Em pouco tempo, seu pai casa de novo com uma mulher que tinha uma filha. Com uma narrativa próxima à da Gata Borralheira, Cadija sofre maus-tratos e é obrigada a andar distâncias para satisfazer os caprichos da madrasta.

As Gueledés, a festa das máscaras, de Raul Lody, conta a lenda das Senhoras da Noite, que originou a festa Gueledé, com o uso de lindas máscaras (Gueledés) e roupagens por parte dos homens.

Seu enredo, além de abordar a família extensa e o respeito aos ancestrais, descreve uma mulher yorubá, que vendia comida nos mercados. Seu jeito lembra o da nossa baiana que cozinha e vende o acarajé pelas ruas e tendas. Assim como a atmosfera de feira de rua, barracas variadas e muita gente nos soa familiar.

[17]Disponível em: <http://www.leiabrasil.org.br/index.php?leia=publicacoes>. Acesso em: 8 nov. 2011.

Mistérios do céu e **da terra**

O cenário religioso do Brasil incorpora traços de manifestações religiosas da África. Vale recordar que culturas de variadas partes do continente africano desembarcaram em diferentes pontos do território brasileiro. Como afirma a autora Kelly Cristina de Araújo na obra *Áfricas no Brasil*, os aspectos culturais que sobreviveram à viagem da África até o Brasil foram em parte transformados e continuaram a ser alterados quando aqui se misturaram a outras culturas nativas e europeias. A conformação de grupos religiosos, muitas vezes, provinha da solidariedade que brotava do sofrimento causado pela escravidão. Assim como as religiões de origem eram diferentes, as crenças que os grupos africanos escolhiam seguir em solo brasileiro também eram distintas.

A minuciosa obra de Marilda Castanha, *Agbalá, um lugar-continente*, que em 2002 recebeu o Prêmio de Melhor Livro Informativo, pela FNLIJ, vai ao encontro dessa ideia. Ao explicar os povos yorubá, da região da África onde hoje se situam Benim, Nigéria e Togo, a autora comenta que, com nomenclaturas diferentes, esses povos cultuavam os orixás, divindades espirituais presentes na criação do mundo. Em algumas cidades da Nigéria, como Abeokuta, cultuava-se Iemanjá, e em outra, como Oyó, os cultos eram dedicados a Xangô. Por isso, a manifestação religiosa difundida pelo Brasil e conhecida como candomblé é constituída de rituais, símbolos e especificidades que mudam de acordo com o grupo que lhe deu origem.

É tal a infinidade de nomes e palavras advindas desses povos que a editora Bertrand Brasil lançou o *Dicionário Yorubá--Português*, com mais de dezoito mil verbetes e quinze mil frases traduzidas do idioma africano. Segundo a editora, o yorubá é uma língua viva, falada na Nigéria, no sul da República do Benim, no Togo e em Gana. Aqui no Brasil, está principalmente presente no vocabulário dos candomblés.

Como apresenta Kelly Cristina, a fé e a devoção eram suportes para os desterrados e o candomblé começou a ser praticado no Brasil pelos escravos de origem africana. O primeiro terreiro foi instalado em Salvador, por volta de 1830, conhecido hoje como Casa Branca do Engenho Velho. Mas, por razões diversas, que vão do interesse de ascensão social e respeito perante outros grupos, ou ainda por serem obrigados, um grande número de africanos se converteu à religião católica, como se pode perceber na fala do ex--escravo Mahommah, sobre um de seus donos, citada no livro *Questão de pele*, de Luiz Ruffato:

> Ele era católico, e fazia regularmente orações com a família... nós todos tínhamos que nos ajoelhar diante delas; a família na frente e os escravos atrás. Fomos obrigados a entoar algumas palavras cujo significado não sabíamos. Também tínhamos que fazer o sinal da cruz diversas vezes (p. 211).

Em uma sociedade que distinguia as pessoas brancas das negras, confrarias ou irmandades eram organizadas e funcionavam como um espaço de ajuda mútua entre os confrades, e eram sempre associadas a algum santo protetor. As irmandades mais destacadas são as de Nossa Senhora do Rosário dos Homens Pretos, Santa Ifigênia e São Elesbão e São Benedito, todos santos negros.

Marilda Castanha explica, ainda, que certos orixás são relacionados com alguns santos, como Iansã e Santa Bárbara, Ogum e São Jorge, Xangô e São Jerônimo.

O sincretismo religioso que temos no Brasil, onde doutrinas e crenças de diversas origens se fundem, aparece bem explícito na festa do congado (congo ou congada). Na fusão de cultos africanos e católicos, retratada já no século XIX pelo artista alemão Rugendas, a festa relembra o passado e os feitos do povo congolês, em uma história na qual os negros são os protagonistas. O ponto alto da festança é a encenação do coroamento dos reis do Congo, acompanhada de cortejos e músicas. Após a coroação do rei e da rainha, os membros da irmandade saem em cortejo, com danças e representações dos feitos do soberano, que sai vitorioso dos campos de batalha graças à aparição de algum santo católico. Ocorre em várias festividades ao longo do ano, mas especialmente no mês de outubro, na festa de Nossa Senhora do Rosário. Ainda popular no Brasil, a história e características da festa são fartamente encontradas na internet e nas obras comentadas aqui.

África e Brasil africano é uma obra informativa. O texto de Marina Mello e Sousa, professora de História da USP e especialista na área de cultura africana e afro-brasileira, é claro e rico em fatos interessantes. Ela descreve as civilizações africanas que chegaram ao Brasil e como seus usos e costumes ajudaram a moldar a nossa identidade. A edição apresenta uma fartura de ilustrações com diagramação refinada e limpa, que facilita a leitura. No conjunto, é uma obra bastante abrangente, que explora vários aspectos das culturas da África e do Brasil, desde o tempo em que os africanos por aqui aportaram até hoje.

Outros trabalhos bastante detalhados sobre a cultura yorubá e sua herança para o Brasil são as obras de Carolina Cunha. Em *Yemanjá, caminhos de Exu* e *Eleguá*, entre outras, a autora utiliza uma linguagem sonora, rica em palavras do idioma yorubá, o que transmite aos relatos um sabor da oralidade de sua origem. As ilustrações, também de Carolina, têm o mesmo esmero em revelar as tradições dos terreiros e a própria África, que aparece nos panos de fundo, na estampa das roupas das personagens e em outros detalhes dos desenhos.

Festas, ritmos e danças estão também na COLEÇÃO LEMBRANÇAS AFRICANAS, composta de cinco obras, cobertas de ilustrações de Rosinha Campos e com textos de Sonia Rosa. Em *Jongo*, a autora conta que a dança nos terreiros, executada pelos escravos bantos de Angola e do Congo, acompanhada do batuque dos tambores, foi um dos precursores do samba. Porque, quando a escravidão acabou, muitas famílias continuaram a fazer rodas de jongo, sobretudo as que habitavam os morros do Rio de Janeiro. Em *Capoeira*, ela retrata a raiz africana nessa prática brasileira de dança e luta. Para *Feijoada*, a autora informa que a iguaria nacional é uma composição de um prato português, que misturava feijão e miúdos de porco, com o tempero que lhe deram os escravos provindos da África. Já *Maracatu*, pela descrição da autora, é uma festividade que lembra bastante a congada. Os grupos de maracatu (as nações) hoje aparecem nos desfiles de carnaval. O *Tabuleiro da baiana* é o mais recente lançamento da coleção e traz para o universo infantil a graça e o encanto das vendedoras de quitutes que, com seu tabuleiro, roupas e pratos típicos da culinária baiana, ficaram conhecidas em todo o país como "baianas".

São muitos os pontos de encontro e similaridades que encontramos entre festas iniciadas na mescla de traços indígenas, africanos e europeus e o nosso atual carnaval. Em sua obra *Os ibejis e o carnaval*, Helena Theodoro inclui o congado no glossário de seu livro, porém não afirma de qual tradição surgiu o carnaval. A autora, que se declara uma carnavalesca apaixonada, faz descrições que reportam a tal universo:

> [...] a bandeira que a porta-bandeira carrega representa os antepassados do grupo, os ancestrais ilustres da comunidade. Quando ela dança e agita a bandeira, movimenta o ar, passando toda a energia dos fundadores da escola para as pessoas que estão assistindo. Tudo para nessa hora! Só o mestre-sala e a porta-bandeira dançam na quadra (p. 18).

Ao ler a obra *O fantasma do tarrafal*, do jornalista e etnólogo francês Jean-Yves Loude, com suas descrições emotivas da geografia das ilhas de Cabo Verde, da sua história, da sua cultura e da sua gente, observamos menções a aspectos do catolicismo, do sobrenatural e do efeito da escravidão durante o colonialismo. No arquipélago, em especial na Ilha do Fogo, são celebradas a Festa das Bandeiras, por ocasião de 1º de maio, Dia de São Felipe, e, em junho, a da Bandeirona, em tributo a São João Batista. Festas de matiz profano e sagrado, com romarias e cavalhadas, homenagem a santos e rituais pagãos.

Histórias cheias de música, festejos e cores celebram a vida na luta pela liberdade.

Nos contos e na mística, é perceptível a integração do ambiente natural à vida nas culturas africanas. A obra já citada *Agbalá, um lugar-continente* apresenta um bom exemplo:

> As plantas, extremamente importantes na cultura africana, têm também uma divindade que conhece bem seus segredos e os remédios extraídos dos vegetais: Ossãe. E enquanto Ossãe cuida das plantas, Oxumaré une céu e terra, livrando todos das traições. Iansã, em sua dança, protege a todos do tempo ruim, dos ventos e tempestades. Mas não só as plantas, chuvas e raios têm seus guardiões. As águas, fonte de toda vida, têm diferentes divindades: Iemanjá, chamada carinhosamente de "mãe dos homens", é a protetora das águas dos oceanos e de seus viajantes e pescadores; Oxum, sempre vestida de amarelo ou dourado, é o orixá que protege as águas dos rios, a beleza e a riqueza (p. 21).

A magia da **arte**

Traduzir uma parte
na outra parte
– que é uma questão
de vida ou morte –
será arte?

(Ferreira Gullar)

As mais variadas representações artísticas – pintura, esculturas, tecelagem, máscaras, cerâmicas – são, em sua tradição, objetos que não se atêm apenas à forma. São manifestações que podem ser associadas a crenças e religiosidades.

Desde tempos pré-históricos, as primeiras manifestações do que hoje chamamos de arte estiveram associadas à magia, ainda que de maneira bastante pragmática. De acordo com Arnold Hauser, em seu livro *Historia social de la Literatura y el Arte*, as pinturas de animais encontradas no interior de cavernas tinham como objetivo funcionar como uma espécie de "armadilha" que aprisionasse a caça. Ao pintar o animal, era como se ele já estivesse aprisionado: "Cuando el artista paleolítico pintaba un animal sobre la roca, creaba un animal verdadero" (v. 1, p. 21). Daí o naturalismo dessas pinturas, pois o que se pretendia era criar um clone – usando um termo mais atual –, e não o representar de maneira simbólica. Em toda a região do Saara podem ser encontradas essas pinturas e entalhes em rocha.

Textos de lá e de cá   157

As primeiras manifestações artísticas, portanto, podem ser consideradas uma forma de dominar a natureza.

Cena de caça – Sítio arqueológico de Tassili n'Ajjer – Argélia.[18]

---

[18]Disponível em: <heliopolisblog.wordpress>. Acesso em: 10 fev. 2012.

Em busca de **harmonia**

No livro *Memória d'África*, os autores Carlos Serrano e Maurício Waldman nos dizem que, para muitos povos africanos, o pilar que sustenta o equilíbrio de forças dentro de uma comunidade – ou seja, a harmonia – é a ancestralidade. Assim, a arte africana visa a assegurar a harmonia da comunidade, a partir do respeito aos ancestrais.

Quando essa harmonia é rompida, os membros da comunidade costumam consultar seus sacerdotes ou curandeiros, em busca de uma explicação para os infortúnios, doenças, pragas etc. Para expulsar as forças malignas, os sacerdotes ou curandeiros utilizam, além da palavra, alguns objetos, como esculturas e máscaras, e símbolos gráficos, como pinturas corporais, tatuagens e nas fachadas das casas.

Algumas esculturas, por exemplo, servem para proteger os lares, ao passo que algumas máscaras, geralmente com forma de animais, são usadas para sensibilizar os espíritos da natureza, para que protejam plantações e assegurem a fertilidade.

Devido à sua importância, o processo de criação desses objetos implica rituais e saberes específicos, como conhecer os segredos de árvores e plantas, bem como a técnica de entalhes.

Depois de prontas, as máscaras e esculturas precisam ser investidas pelo sacerdote para poder cumprir sua função mágica. Essa investidura pode se dar por meio de orações ou com o acréscimo de novos acessórios, adornos e símbolos. Isso talvez explique o fato de algumas esculturas em madeira terem sua decoração modificada, às vezes mais de uma vez, com sementes, contas, pedacinhos de vidro etc.

Esculturas, máscaras e outras atividades artesanais tinham sua produção vinculada ao sagrado. De acordo com Ahmadou Hampâté Bâ, a criação artística era a manifestação exterior de uma visão da beleza interior que, segundo a tradição antiga, era o reflexo da beleza cósmica. A arte profana teria se desenvolvido com a colonização. Por isso, hoje, seria difícil encontrar um objeto autêntico e consagrado[19].

No artigo *Notas discursivas diante das máscaras africanas*[20], Marta Heloísa Leuba Salum propõe a discussão do que seria uma máscara ancestral e apresenta, de forma analítica, algumas figuras de madeira em exposição no Museu de Arqueologia e Etnologia da Universidade de São Paulo – MAE-USP.

As máscaras também não podem ser pensadas dissociadas de danças e músicas. Fazem sempre parte de um ritual, comemorativo ou guerreiro, como nos conta Raul Lody no livro *As gueledés – A festa das máscaras*. Nessa obra, o autor mostra características do povo yorubá e suas criações.

Os objetos da arte da metalurgia desenvolvida pelos povos ashanti, conhecidos como pesos de ouro, feitos em bronze e que serviam como o contrapeso para a medida do ouro em pó, muito negociado entre os europeus no século XVI, são requisitados por colecionadores e museus de antropologia.

---

[19]"Obra de la mano - Exprésion total del hombre". In: *Correio da Unesco*. fev. 1976.

[20]Disponível em: <www.arteafricana.usp.br/codigos/artigos/002/notas_discursivas>. Acesso em: 10 nov. 2011.

Quando os portugueses desembarcaram em Benim, em fins do século XV, os povos que lá habitavam já conheciam a técnica da fundição em bronze. No entanto, pode-se supor que os europeus tenham exercido alguma influência sobre a arte local, uma vez que usavam braceletes e outros objetos considerados exóticos, pelos africanos, para trocar por especiarias e escravos, dentre outras mercadorias. Assim, os portugueses não só forneceram grande quantidade de metais, como também apresentaram àqueles povos novas formas e motivos artísticos.

No MAE da USP encontram-se peças em bronze de comunidades ogboni da Nigéria[21].

Edan Ògbóni
(Iorubá, Nigéria).

A escultura ògbóni é de cobre ou bronze. A literatura relata força em prever o futuro, curar doenças, afastar "maus espíritos", entre outras crenças. É representada com a união de um homem e uma mulher por uma corrente. Simboliza o elo que une a comunidade a *ilè*, "casa" em yorubá.

[21]Disponível em: <http://www.mae.usp.br/acervo>.

A partir do final do século XVI, diferentes povos africanos começaram a chegar ao Brasil. Como possuíam uma multiplicidade de culturas, seus costumes foram amplamente espalhados pelo País. Iniciou-se, assim, o processo de fusão da cultura indígena com a africana, somadas às características europeias.

Cores da **imaginação**

Como identificar a arte africana ou representações artísticas de influência ou temática da África nas edições para crianças e jovens?

As ilustrações em cores vivas e movimentos leves do traçado do artista plástico moçambicano Roberto Chichorro, que figuram em duas obras de literatura infantil e juvenil de Zetho Cunha Gonçalves, são expressões da arte africana? Como diz o autor, cada trabalho plástico de Roberto Chichorro é moçambicanamente universal[22]. Por outro lado, John Kilaka, responsável pelo texto e ilustração de *A árvore maravilhosa*, nos traz uma arte exclusiva da Tanzânia. A obra é ilustrada no estilo Tinga Tinga, que começou, em 1968, com o tanzaniano Edward Saidi Tingatinga. Ele pintava animais de uma forma simples e simbólica, em fundos de cores vivas. O formato e a coloração dos animais não correspondiam, necessariamente, ao real, por isso poderiam aparecer girafas em preto e branco ou antílopes azuis, e as linhas de contornos eram definidas, porém sem detalhes. Pelo ponto de vista da técnica, é uma pintura que usa como tinta o esmalte destinado a metais, aplicando-o sobre madeira ou tela. A técnica é complicada, pois exige a secagem de cada camada do esmalte para o prosseguimento da pintura, mas o resultado final é de uma obra com cores bem vivas e abrilhantadas. Hoje em dia existe uma sociedade cooperativa da arte Tinga Tinga, que funciona na capital da Tanzânia, Dar es

---

[22]Disponível em: <http://www.buala.org/pt/cara-a-cara/a-arte-da-felicidade-e-uma-soma-de-cores-noctivagas-sobre-roberto-chichorro>. Acesso em: 10 nov. 2011.

Salaam, e forma centenas de artistas tanzanianos para trabalhos com esse estilo.

A entrada de autores africanos no mercado editorial brasileiro trouxe também o escritor e ilustrador Meshack Asare, natural de Gana, onde se formou e lecionou Belas Artes. Com moradia em Londres desde 1983, ele viaja frequentemente pela África para olhar e experimentar outras culturas do vasto continente. Como autor de texto e ilustração de contos infantis, seus desenhos têm uma linguagem bastante universal, como é o caso da já mencionada obra *O chamado de Sosu*. As belas aquarelas, em tonalidades de ocre, retratam questões de inclusão e de tolerância de um modo tão sensível que é assimilável por qualquer cultura.

Outro artista que ilustra livros infantis é Baba Wagué Diakité, nascido em Mali, na África Oriental. Ele é mais conhecido por seu artesanato em cerâmica, que desenvolveu quando foi morar nos

Estilo Tinga Tinga (Dar es Salaam, Tanzânia)

Estados Unidos. Mas depois passou a pintar telas e a fazer desenhos para livros infantis. Em *Histórias de Ananse*, com texto de Adwoa Badoe, as ilustrações de Wagué remetem ao simbolismo gráfico da arte tradicional africana, como motivos em zigue-zague.

Os autores Carlos Serrano e Maurício Waldman explicam, no já citado livro *Memória d'África*, que tais formas gráficas em zigue-zague e outras geométricas, encontradas em tecidos, máscaras e pinturas corporais, por exemplo, buscam traduzir o princípio de dualidade (dia e noite, homem e mulher, água e fogo etc.) e expressar a dinâmica das forças da natureza.

Uma boa representação no Brasil de ilustração de obras literárias com inspiração na arte tradicional africana é o nosso consagrado autor André Neves, que conquistou o Prêmio Jabuti de 2011, com *Obax*. Criador do texto e das imagens, ele conta em entrevista[23] que sua imaginação foi tocada ao ver um livro de fotografias da África. Além do jogo com as simetrias, as coloridas padronagens dos tecidos também inspiraram o artista. Tais imagens compuseram o cenário para a ambientação de sua história e o resultado é um trabalho de excelência artística.

[23]Disponível em: <http://www.acordacultura.org.br/notícia-24-10-2011>.

De um modo geral, os bons livros para crianças que abordam a temática africana costumam ser ricos em cores, com traços fortes, que quase nos fazem ouvir batuques e danças. Em desenhos e figuras inspiradas nas culturas africanas, representações de adornos de cabeça, colares, bordados e pedrarias acompanham textos de recontos de suas tradições.

É o caso, por exemplo, das ilustrações feitas por Denise Nascimento para o conto-título de *Ulomma – A casa da beleza e outros contos*, do nigeriano Sunny, em que altos colares adornam o pescoço da heroína da história.

A mesma ilustradora faz os desenhos para a obra *Lendas da África moderna*, de Heloisa Pires Lima e Rosa Maria Tavares Andrade. No conto *Brinco de ouro*, as autoras relatam o lado mágico da joia que transmitia poderes a seu dono. Era uma peça do tesouro real ashanti, confeccionada com ouro das minas de Gana, a Costa do Ouro.

Existe, ainda, um rol de obras que ilustram as artes africanas com desenhos ou fotografias dos objetos em questão, e de uma maneira bastante explicativa. É o caso de *Arte africana*, de Hildegard Feist, onde as ilustrações de caráter gráfico, de autoria de Luciana Hees, dão apoio às imagens fotográficas que acompanham o texto explicativo. Dessa forma, é possível visualizar esculturas em madeira, característica dos povos baulê, da Costa do Marfim e da República Democrática do Congo, os objetos em marfim dos sapi, povo de Serra Leoa, e as cabeças em bronze e terracota, da Nigéria.

Marie Sellier e Marion Lesage, na obra *A África, meu pequeno Chaka*, traduzida por Rosa Freire d'Aguiar, apresentam relatos que resgatam tradições culturais das magias e mitos de povos africanos. O livro é ilustrado com fotos de máscaras e esculturas africanas encontradas em museus de Paris.

Uma viagem do Senegal até a África do Sul está organizadamente retratada na obra *O batuque das cores*, de Caroline Desnoëttes e Isabelle Hartmann. A mesma forma de apresentação das artes e culturas africanas por meio de fotografias está nas imagens propostas pelas autoras para ilustrar cada um dos países visitados. A ênfase está nas culturas ancestrais, de caráter tribal e, portanto, o que se vê no livro são algumas estatuetas, utensílios e adornos que estão expostos no museu de etnias, Museu do Quai Branly, em Paris.

 ## Artes em **zigue-zague**

A arte africana é inspirada essencialmente nos costumes de cada um de seus povos. Expressa-se tanto pela pintura quanto pela escultura, vestimentas, danças e cantos, com características que refletem as diversas etnias e valores religiosos.

As culturas africanas terão influenciado a arte em outras partes do mundo? Certamente que sim. Mas a que ponto? Como saber? Assim como as histórias viajaram e se confundiram nas tradições, as manifestações artísticas também se entrelaçaram lá e cá, pelo mundo afora.

Na África do Sul, em 2006, uma exposição na Standard Bank Gallery, em Johannesburgo, apresentou trabalhos do artista espanhol Pablo Picasso (1881-1973), que, segundo seus curadores, dialogava com a arte africana. Foram, então, expostos trabalhos do artista lado a lado com peças clássicas africanas, no intuito de se perceber quais elementos estéticos das obras do artista poderiam ser semelhantes aos da arte tradicional da África.

Nesse caso, a produção artística do pintor espanhol – em suas formas, temas, cores etc. – teria sido identificada com os elementos presentes em peças da arte tradicional africana, levantando-se a questão das possíveis influências do artista europeu.

No caso do Brasil, devemos sempre recordar que a nossa cultura se formou com heranças da África. A partir de 1550, quando os africanos começam a chegar ao Brasil, por razões econômicas – principalmente por causa da necessidade de braços para a cultura agrícola –, os costumes, cantos e danças que se desenvolvem em nosso país passam a ser marcados por sua presença.

Portanto, é necessário ter atenção para não confundir as imagens antigas, que retratam a população africana em nossas terras, com arte brasileira de matriz africana.

Em 1816, d. João VI, que residia no Rio de Janeiro havia oito anos, mandou buscar a famosa Missão Artística Francesa, composta de alguns dos mais renomados artistas da época, como Jean-Baptiste Debret (1768-1848), Nicolas-Antoine Taunay (1755-1830), Grandjean de Montigny (1776-1850) e muitos outros. Como nos conta o historiador Laurentino Gomes, em seu livro em edição juvenil ilustrada, *1808*, o principal objetivo da missão

Máscara Grebo
(Museu de Picasso, Paris)

era criar uma academia de artes e ciências no Brasil. Em vez disso, os artistas dedicaram-se a ornamentar e organizar as celebrações da corte, como o casamento de d. Pedro com a princesa Leopoldina, o aniversário, a aclamação e a coroação de d. João VI etc.

Ao mesmo tempo, segundo a historiadora Lilia Moritz Schwarcz, em *O sol do Brasil*, estava em voga nessa época um "sentimento de natureza" e os naturalistas buscavam conhecer novas paisagens. O Brasil era, para esses viajantes, o país mais "exótico" do continente americano, com seus indígenas, africanos, mosquitos, serpentes, araras e papagaios a povoar uma natureza exuberante. Toda essa realidade, portanto, merecia ser registrada em desenhos, pinturas e textos.

Johann Moritz Rugendas (1802-1858), pintor e desenhista alemão, que esteve no Brasil entre 1821 e 1835, documentou com detalhes os tipos humanos, as paisagens e cenas do dia a dia de nossas terras.

O legado desses artistas é de grande contribuição para nossa história, pois ambos retrataram exaustivamente a presença de africanos e afrodescendentes no cotidiano brasileiro de meados do século XIX, deixando-nos uma crônica valiosa daquela época.

Desde então, o negro e o mulato figuram em muitas obras famosas de artistas plásticos brasileiros. Os motivos podem provir do ambiente rural – escravos, trabalhadores braçais, retirantes sofridos pelas secas, festas de interior – e do cenário urbano, que apresenta desde as classes políticas até a vida de subúrbios e favelas. Como exemplos, podem ser citados o quadro *Café*, de Cândido Portinari (1903-1962), e as muitas imagens de roda de samba, do carioca Heitor dos Prazeres (1898-1966).

Também merece registro a vasta obra de Di Cavalcanti (1897-1976). Nascido na casa de seu tio José do Patrocínio, veemente abolicionista, desde cedo recebeu sua influência. Cresceu entre intelectuais, como Joaquim Nabuco, Olavo Bilac e Machado de Assis, que frequentavam a casa de seu tio e lhe despertaram seu orgulho pelo Brasil e suas origens, apesar de viver num momento de forte influência francesa, a famosa *Belle Époque*. Foi um artista brasileiro no sentimento e nas cores, mesmo tendo bebido de fontes expressionistas e cubistas. Retratou a beleza e a sensualidade do país numa temática popular, pintou mulheres, paisagens e naturezas-mortas com nossas frutas, flores e pássaros, como se pode observar na tela *Os colonos*, de 1940.

Segundo Angela Braga-Torres, na obra *Contando a arte de Di Cavalcanti*, o artista era fascinado pela beleza da mulata e a retrata nas mais variadas formas e situações. Para a autora, o artista transforma a mulher saída da senzala em grande dama da sociedade.

 ## Entre tranças e **birotes**

Quando falamos da estética africana, é quase impossível não pensar em cabelos. De fato, sua importância pode ser percebida até mesmo na maneira como os escultores elaboravam os penteados de estátuas e estatuetas, sem falar no trançado cuidadoso do cabelo das pessoas. Cabelos e penteados também podem ser uma expressão do belo.

Trecho do depoimento do ex-escravo Mahommah, encontrado no livro *Questão de pele*, de Luiz Ruffato:

> [...] olhou para minha cabeça e observou que meus cabelos estavam cortados do mesmo jeito como quando estávamos juntos em Zoogoo e eu concordei. Talvez caiba notar aqui que, na África, as nações das distintas partes do território têm seus modos diferentes de cortar o cabelo e são conhecidas, por essa marca, a que parte do território pertencem... Para alguém familiarizado com os diferentes cortes, não há dificuldade em reconhecer a que lugar um homem pertence (p. 205).

Em *As tranças de Bintou*, de Sylviane A. Diouf, Bintou é uma menina que usa quatro birotes nos cabelos. Seu maior desejo é poder usar longas tranças, como as outras mulheres da aldeia, enfeitadas com pedrinhas e conchas. Com a avó, aprende que há um tempo certo para cada coisa.

A história de Bintou nos mostra que, sob o ponto de vista da criança de qualquer etnia, podemos perceber que a construção da personalidade se faz pela vivência imediata com seu meio. Seu pensamento se constrói pelo que a sociedade lhe apresenta.

Acompanhando a dificuldade da criança em se reconhecer apenas em seus familiares e, possivelmente, também por pressões sociais, a protagonista criada por Valéria Belém, em *O cabelo de Lelê*, vai para uma inespecífica África, em busca do equilíbrio de sua imagem:

Depois do Atlântico, a África chama
E conta uma trama de sonhos e medos
De guerras e vidas e mortes no enredo
Também de amor no enrolado cabelo (p. 14).

Por quê? Será que somente a ancestralidade conforta?

Uma questão semelhante se apresenta em *Palmas e vaias*, de Sônia Rosa. A autora escolhe o caminho do realismo para tratar do tema e fala da experiência de ser negro em um ambiente social predominantemente de brancos. Aqui no Brasil, onde o racismo é negado, essa é uma questão que aos poucos se avoluma, pois costuma se dizer que o nosso problema é apenas de estrutura social. Será?

A personagem sofre, e muito, com a discriminação dos colegas de escola. O marco da consciência da menina sobre sua diferença em relação às outras crianças acontece quando ela corta as tranças que usou desde pequena e deixa o cabelo solto.

A estética de personagens retratadas nos livros infantis merece atenção e estudos, na tentativa de entender que características estão presentes na construção das mesmas. É importante observar que atributos externos isolados – cor da pele, cabelo e outros adereços – não definem uma identidade.

Neusa Baptista Pinto, em seu livro *Cabelo ruim?* (parte integrante do Kit Pedagógico do Projeto Pixaim nas Escolas), narra, em ficção, a história de três meninas negras que buscam se aceitar. Na apresentação do trabalho, afirma que:

> [...] estigmatizado, o cabelo crespo foi por muito tempo classificado como "inadequado" em favor do padrão de beleza geralmente branco ditado pela moda e perseguido principalmente pelas mulheres. O bonito é o liso. O crespo é o "outro", o "diferente" (p. 7).

Com sua ficção, a jornalista procura desconstruir conceitos inadequados. Num mundo de nítida valorização do corpo e das aparências, evidencia-se um padrão de consumo que encerra a beleza no estereótipo da pessoa alta, magra, branca, loura, cabelos lisos etc. Estaria, então, o cabelo crespo – que é uma das características da nossa herança africana – excluído dos padrões de beleza?

Para trabalhar o processo de aceitação da identidade negra, Neusa Baptista Pinto desenvolve um projeto que, entre outras atividades, ministra oficinas de tranças para mulheres e homens em Mato Grosso.[24] A arte de trançar os cabelos é um reforço à identidade cultural de tradição africana.

O livro de fotografias que inspirou André Neves a compor a obra premiada *Obax* mostra mulheres da África Ocidental. Captado por sua beleza, o autor se sentiu atraído pelo sentido estético que as imagens exibiam e, daí, formatou a ambientação para sua história imaginária. As cores e os traços da África se apresentam naturalmente, e com muita arte, como se pode ver na página dupla (32-3), onde diversas crianças estão retratadas, cada uma com um penteado – de tranças a birotes – diferentes.

[24]Disponível em: <http://www.jornalcomunicacao.ufpr.br/node/8205>. Publicado em: 19 maio 2010. Acesso em: 27 out. 2011.

Fui pro mar colher laranja,
fruta que no mar não tem;
vim de lá todo molhado
das ondas que vão e vêm.

(autor anônimo)

Sobre leões e aranhas, baobás e **borboletas**

Camelos e hipopótamos combinam? Uns na areia dos desertos e outros nos leitos dos rios. Zebras, cegonhas, búfalos, leões, elefantes, rinocerontes, avestruzes, tudo isso e muito mais em um mesmo continente. Assim é a África!

Da enorme extensão do território africano, menos da metade é ocupado por selvas e regiões desérticas, todo o resto são savanas, estepes, regiões montanhosas, zonas mediterrâneas, pantanais, vales de rios compridos e grandes lagos repletos de flamingos. Terra de contrastes, com ecossistemas variados, constituída tanto pelo causticante deserto do Saara quanto por geleiras do alto do monte Quilimanjaro (vulcão extinto), no Quênia, suas paisagens também exibem densas selvas, como na África Central, e vastas planícies. Cada região com sua peculiaridade, o continente é farto em panoramas encantadores, como descreve o autor Joel Rufino dos Santos, em *Na rota dos tubarões: o tráfico negreiro e outras viagens*, obra já comentada no capítulo dedicado ao autor, que faz um relato histórico e crítico da cultura da escravidão.

Por isso, ao trabalhar uma história ambientada na África, o mediador de leitura deve procurar situá-la geograficamente, além de ressaltar a imensidão do continente e a pluralidade que o caracteriza. Assim, amplia-se a visão que os alunos possam ter do território africano, de seus países, cidades, culturas e costumes. Nada mais desagradável, por exemplo, do que encontrar tigres em savanas, em alguma história equivocada ou com ilustrações feitas sem pesquisa. Os tigres vivem em florestas temperadas e frias, seu *habitat* original foi a Sibéria. Daí espalharam-se pela Índia, Indochina, Birmânia, Sumatra, Bornéu, Java, Bali, Turquia e Cáucaso.

Em sua maioria, as histórias contadas e recontadas pelos povos de diferentes países da África, ou mesmo as que vêm sendo criadas atualmente por autores de lá, de cá ou do mundo afora, inspiram-se no folclore, na tradição oral. Essas narrativas, além de entreter, buscam dar sentido aos fenômenos naturais e trazem ensinamentos práticos sobre a vida. Em cada um desses relatos, podem-se reconhecer dados culturais particulares de sua origem, e também elementos universais da humanidade, com toda a sua complexidade e mistérios.

 ## Histórias de **árvores**

Seja pela variedade geográfica encontrada, seja pela tradição, sabedoria e cultura, os povos africanos, em sua maioria, cultuam a Mãe Natureza. E isso resulta numa produção literária, particularmente aquela voltada para o público infantil e juvenil, que reflete as variadas maneiras como o meio ambiente se integra à cultura e ao cotidiano das pessoas.

Um dos exemplos mais marcantes e emocionantes desse envolvimento com a natureza é a história de vida da ambientalista Wangari Maathai, ganhadora do Prêmio Nobel da Paz em 2004. Sua autobiografia, *Inabalável*, narra sua luta política para ajudar a implantar um governo democrático no Quênia, seu país natal. O livro fala dos valores, costumes e tradições do Quênia e das dificuldades surgidas nos momentos de transição de um país colonial em nação independente.

Em 1977, Wangari criou o Movimento Cinturão Verde, com o objetivo de recuperar as florestas nativas do continente que haviam sido devastadas por grandes companhias estrangeiras para a exploração econômica. Para combater o processo de desertificação de seu país, o Movimento incentivava as mulheres do campo a plantar árvores e criar viveiros de mudas, em troca de remuneração. O Movimento ganhou importância e acabou se espalhando por várias nações africanas. Por sua independência e coragem, Wangari foi presa diversas vezes antes de ser nomeada ministra assistente do Meio Ambiente, em 2002.

A história de Wangari é contada para crianças em *Plantando as árvores do Quênia*. O texto e as belas ilustrações são de autoria da norte-americana Claire Nivola. Além de mostrar a importância da figueira como árvore sagrada, o livro aborda a problemática da devastação e o compromisso devido ao meio ambiente, numa linguagem adequada à infância.

O livro *Lila e o segredo da chuva*, do irlandês David Conway, fala da seca no Quênia, que é resolvida graças à coragem e determinação da menina Lila. A história mostra o respeito aos segredos da natureza e a valorização e sabedoria dos mais velhos, no caso o avô. As ilustrações expressivas da premiada artista inglesa Jude Daly trazem aspectos étnicos, como as vestimentas dos habitantes e as cabanas do vilarejo em meio à paisagem desértica, também representadas em outras obras que têm a África como pano de fundo.

Muitas vezes, os elementos da natureza que permeiam as histórias carregam um toque de magia. É o caso do baobá.

Por seu imenso porte e longevidade, o baobá é fonte de inspiração para diversas lendas, ritos e poemas. Sob sua copa – semelhante a raízes – muitas comunidades se reúnem para ouvir histórias, conselhos e ensinamentos dos anciãos ou dos griôs, para os quais seu tronco pode servir de túmulo. Por todos esses motivos, ela é também conhecida como a "árvore da palavra". Ou a "árvore de onde se colhem histórias". Ou, ainda, a "árvore da sabedoria", como nos ensinam Heloisa Pires Lima, Georges Gneka e Mário Lemos, na obra *A semente que veio da África*.

O baobá – também conhecido como embondeiro ou adansônia – é encontrado em quase todo o continente africano ao sul do Saara e serve de elo entre povos de línguas, hábitos, religiões e culturas tão diversos quanto os nomes que lhe emprestam. Além de ser tida como um símbolo do continente, essa árvore é emblema nacional do Senegal. E o embondeiro é considerado um símbolo de Angola.

Uma lenda africana conta que o baobá era uma árvore muito orgulhosa e que, por isso, os deuses lhe impuseram um castigo, deixando-a de cabeça para baixo: as raízes ficaram no lugar da copa, e a copa ficou enterrada. Juntamente com as acácias (o alimento preferido das girafas), os baobás são espécies que predominam nas savanas. A acácia-vermelha ou acácia-rubra foi símbolo da luta armada anticolonialista em Angola.

Os baobás estão presentes também no clássico *O pequeno príncipe*, de Antoine de Saint-Exupéry (1900-1944). O encontro do pequeno príncipe com o piloto acontece no deserto do Saara, na África, onde se deu a queda do avião. É o pequeno príncipe quem conta que os baobás, quando pequenos, se parecem muito com roseiras e rabanetes, mas quando crescem ficam realmente enormes, possuem raízes profundas e são muito numerosos. Na história, o planeta do pequeno príncipe é pequeno e pode ser rachado pelas raízes dos baobás. Como resolver esse problema e impedir que os baobás se transformem nas árvores imponentes que são? A solução é simples: basta que carneiros comam os arbustos. E é isso o que o pequeno príncipe vem fazer em nosso planeta: buscar um carneiro para comer as árvores antes que elas cresçam.

Caroline Desnoëttes e Isabelle Hartmann, na obra *O batuque das cores* (p. 18), descrevem a paisagem da Guiné-Bissau de forma a despertar nosso imaginário e aproximá-lo de contos lendários: "Naquela floresta densa, de uma luz cor de esmeralda, me senti capturado por uma força vegetal: paineiras gigantescas, bananeiras e sumaúmas se erguiam em meio a um emaranhado de cipós estranguladores."

Uma árvore nativa de Madagascar e também muito popular no Brasil, o flamboaiã, surge na obra *O baú das histórias* –

um conto africano, recontado e ilustrado por Gail E. Haley. É descrito como uma árvore de flores miúdas e vermelhas, que seria o lugar escolhido pelas fadas para dançar. A fada-que-nenhum-homem--viu, o leopardo-de-dentes-terríveis e os marimbondos-que-picam--como-fogo teriam de ser capturados por Ananse para satisfazer as exigências de Nyame, o Deus do Céu, para que ele entregasse o Baú de Ouro que continha todas as histórias do mundo.

A mangueira, árvore originária da Índia, adaptou-se de tal maneira ao continente africano que passou a fazer parte da sua história e a surgir com frequência em novos contos de origem. No livro de Maria Celestina Fernandes, *A árvore dos gingongos*, é a mangueira o objeto da disputa entre os primeiros habitantes de Angola, os gêmeos protagonistas da história. Na verdade, não é um conto de origem. O livro conta a história de um casal de gêmeos para falar do egoísmo, mas a questão é que o livro acaba nos levando ao mito dos gêmeos do povo quimbundo, dos primeiros habitantes de Angola. E Maria Celestina tem descendência quimbunda, assim como teve uma irmã gêmea.

A manga também está presente no livro do norte--americano James Rumford, autor de texto e ilustração. A chuva que anuncia e proporciona a temporada de manga no Chade, país situado no centro do continente africano, é tema da obra *Chuva de manga*, uma ode ao fruto saboroso, à imaginação das crianças e aos benefícios da chuva.

No prefácio, texto e desenhos nos dão informações complementares sobre o local onde se passa a história e também sobre aspectos culturais pertinentes ao Chade. Trata-se de um país pobre, com cem grupos étnicos, onde as religiões predominantes são o islamismo e o cristianismo. Além do francês e do árabe, são falados mais cem dialetos.

De mosquito a **elefante**

A riqueza da fauna africana também é fonte de inspiração para muitos contos folclóricos. Parte dessa riqueza é mostrada em *Jambo! Uma manhã com os bichos da África*, de Rogério Andrade Barbosa. Trata-se de um conto de teor informativo, que fala de leões, elefantes, leopardos, rinocerontes, macacos, crocodilos, hipopótamos, zebras, girafas e babuínos, e se passa num parque selvagem situado em Tsavo, no interior do Quênia. No final do livro, um quadro com os animais de outros países africanos mostra a diversidade de espécies animais encontradas no continente.

Luciana Savaget, por sua vez, desmente a ideia de que o leão seja o rei dos animais. Em *Sua majestade, o elefante – Contos africanos*, a autora reconta uma lenda do povo shona, na qual o rei da selva era o grande e sensível elefante e o seu rival, um vaidoso leão. A escritora reconta ainda outra história, dessas que passam de geração a geração por meio da oralidade, *O elefante e a sua tromba*, uma lenda engraçada de como o elefante acabou ganhando um nariz tão comprido. Luciana Savaget corrobora, assim, a afirmação do escritor, biólogo e ecologista Mia Couto – encontrada no prefácio da obra – de que não existe rei na selva e que, "se tivesse que haver um soberano na Mata Africana, esse seria certamente o elefante. São esses grandes e sensíveis mamíferos que determinam toda a ecologia da Savana Africana [...]".

Embora os contos tradicionais africanos não tenham como característica marcante falar dos mitos de origem, o comportamento dos animais pode ter explicações divertidas. É o caso das narrativas encontradas em *Histórias africanas para contar e recontar*, de Rogério Andrade Barbosa, que recebem títulos curiosos: *Por que o morcego só voa de noite; Por que o porco vive no chiqueiro; Por que o camaleão muda de cor; Por que o cachorro foi morar com o homem; Por que a zebra é toda listrada; Por que a girafa não tem voz; Por que o macaco se esconde nas árvores.*

Seguindo essa mesma linha, a norte-americana Verna Aardema, ao se aposentar do ofício de professora escolar, em 1960, publicou seu primeiro livro de histórias infantis, uma série de adaptações de contos folclóricos de países distantes. A intenção da autora era expor as crianças, desde cedo, à imensa variedade cultural do mundo. Com o sucesso de sua publicação, intensificou as pesquisas e, em 1975, lançou *Por que os mosquitos zunem no ouvido da gente*, reconto da África Ocidental que recebeu, por sua ilustração, o Caldecott Medal – premiação anual norte-americana para obras de literatura infantil. O divertido conto relata uma série de eventos que ocorrem a partir da mentira de um mosquito. Além da fauna local, questões éticas também são abordadas na história. Verna Aardema tem uma vasta lista de publicações de recontos do folclore africano, e publicado no Brasil encontramos também *Por que a avestruz tem pescoço tão comprido*, a partir de história original do povo akamba, do Quênia.

Há muito que as histórias viajam entre os povos e sofrem metamorfoses ao longo do tempo. Depois de contadas, passam a pertencer ao outro, que as transmitirá como a sua imaginação, sua essência e seu ambiente determinarem. Assim explica Nelson Mandela, no prefácio da antologia de narrativas folclóricas *Meus contos africanos*, escrita por dezenove diferentes autores e ilustrada por dezessete artistas, todos africanos. A questão da originalidade é levantada no reconto *O lobo, o chacal e o barril de manteiga*. Em uma nota inicial, Mandela nos diz que as histórias sul-africanas de lobo e chacal têm origem nos antigos contos da raposa Renart, mas que, ao longo dos séculos, foram de tal forma adaptadas à realidade da África do Sul que passaram a ser reconhecidas como parte de seu folclore indígena.

> A imagem mais típica do trapaceiro, na tradição cultural europeia, é a personagem da raposa, protagonista das histórias que compõem o famoso conjunto de contos franceses, intitulado Roman de Renart (1170-1250). Na Europa, no que diz respeito a representações de raposas, na maioria das vezes, elas acabam por se aproximar muito daquilo em que se baseia o fenótipo de Renart.

Nos 32 contos selecionados por Nelson Mandela para integrar a obra citada, há um leque diversificado de situações e personagens: a criatura habilidosa que pretende passar a perna em todos, a lebre maliciosa e tratante, o chacal astuto, a hiena que é vítima, o leão soberano, a serpente que, ao mesmo tempo que é temida, é símbolo de cura etc.

O livro apresenta, logo no início, um mapa da África repleto de bandeirinhas que localizam a região de origem de cada conto.

Um panorama das estepes, com áreas de pastagem de gado e vegetação arbustiva, onde à noite se ouvem os uivos dos chacais, é descrito por Johanna Morule, natural de Botswana e especialista em infância, no reconto *Mipipidi e a árvore Motlopi*. *O guardião do pântano* é uma história original da África Central, porém ambientada em Zululand, África do Sul, pela professora sul-africana Diana Pitcher. Ao lê-la, ficamos sabendo que a cobra e suas habilidades de cura são tema constante do folclore africano. Palácios, sultões e serpentes estão presentes em alguns contos, como no *Astuto encantador de serpentes*, ambientado no Marrocos. O louva-a-deus, descrito como uma das figuras mais importantes do povo san, da África do Sul, aparece no reconto da romancista sul-africana Marguerite Poland. E a aranha, personagem de muitas histórias africanas, não poderia faltar nessa coletânea. Caracterizada, com frequência, como astuta e inteligente, aparece em um reconto folclórico da Nigéria *A aranha e os corvos*. Nas histórias do povo ashanti, de Gana, a aranha é conhecida como Kweku Ananse.

Muitas das divertidas aventuras com a aranha Ananse podem ser encontradas na obra *Histórias de Ananse*, de Adwoa Badoe, natural de Gana, e ilustrada por Baba Wagué Diakité, de Mali. É curioso notar a semelhança entre algumas dessas histórias e nossos contos populares. É o caso de *Por que Ananse vive no teto?*, que nos remete a *O macaco e o boneco de piche*, fábula do folclore brasileiro, na qual um macaco é preso numa armadilha em forma de boneco de piche. Em outros contos, percebemos também que a personalidade de Ananse e as encrencas em que se mete são parecidas com os nossos contos de macaco ou outros contos populares brasileiros. Às vezes, ainda encontramos similaridades entre enredos provenientes de diferentes regiões africanas, como as que aproximam *Ananse e o pote dos banquetes* do reconto *As pérolas de Cadija*, encontrado na obra *Gosto de África: histórias de lá e daqui*, de Joel Rufino dos Santos.

Bichos de lá e **de cá**

Além da miscigenação cultural, a heterogeneidade de paisagens naturais, a predominância da tropicalidade, a riqueza da flora e a diversidade da fauna constituem fatores de aproximação entre África e Brasil.

Na literatura, essa proximidade pode ser percebida em histórias que falam de animais. Ou melhor, nas histórias de animais que falam. De acordo com o antropólogo Octavio da Costa Eduardo – cujo nome literário é Eduardo Longevo –, a principal característica dos contos de origem africana, com personagens animais, é a oposição entre a força e a esperteza. A força é geralmente representada por algum animal feroz e forte, como a onça (no Brasil) ou o leopardo (na África). A astúcia costuma ser personificada por animais menores – alguns existentes lá e cá – como o coelho, o macaco, o jabuti. Para alguns povos africanos, a tartaruga também é um símbolo de sabedoria e astúcia, dentre outras qualidades.

No livro *O coelho e a onça – Histórias brasileiras de origem africana*, Longevo fez uma adaptação literária das histórias que ouviu, em 1944, no povoado de Santo Antônio dos Pretos, situado no interior do Maranhão. A interessante história desse povoado, cuja população é constituída por descendentes de escravos libertos, é contada na introdução. Os contos narram os embates entre Onça e Coelho – assim mesmo, grafados com maiúsculas, como nomes próprios –, nos quais a astúcia de Coelho sempre se sobrepõe à força da Onça.

Mas até que ponto é possível afirmar a origem desses contos e lendas transmitidos oralmente, geração após geração?

184   da África e sobre a África

As histórias *O jabuti e a onça* e *O jabuti e o lagarto*, encontradas no livro *Histórias de Tia Nastácia* e cujas origens Lobato atribui a nossos indígenas, trazem situações idênticas às vividas por Coelho e Onça, no livro de Longevo. Algumas dessas situações se repetem em *As fabulosas fábulas de Iauaretê*, de Kaká Werá Jecupé, livro que registra as histórias que o autor costumava ouvir em sua aldeia.

No posfácio dessa obra, Kaká Jecupé, que é de origem tapuia, explica que muitas dessas histórias foram recolhidas, pela primeira vez, pelo General Couto de Magalhães, em 1873, tendo sido publicadas em 1874. Segundo Couto de Magalhães, esses contos originavam-se de quatro etnias diferentes: os tupi, os kadiweu, os munduruku e os bororo.

Como diz o autor Ricardo Azevedo, o Brasil é um país imenso, cheio de gente que viaja para lá e para cá. Além do mais, é preciso lembrar que boa parte de nossas tradições vieram de longe, de Portugal, da África, de outros países da Europa, e até da Ásia. Em *Cultura da terra*, Azevedo faz um passeio pela enorme paisagem do Brasil, para nos dar uma pequena amostra da riqueza de nossa cultura: contos, adivinhas, monstrengos, quadras e receitas, separados por regiões, fazem a delícia do livro. Nesse sentido, é uma obra que se assemelha à coletânea organizada por Nelson Mandela, pois seus textos folclóricos trazem o particular – os bichos, as plantas, a geografia e o clima – junto com o universal, como os temas da esperteza, honestidade, cobiça etc.

Pássaros, peixes, lobos ou lebres, toda sorte de animais estão nos alegres poemas da obra *Debaixo do arco-íris não passa ninguém*, de Zetho Cunha Gonçalves. Segundo explicação do autor, os poemas do livro foram redigidos a partir da tradição oral dos povos que habitam a província do Cuando Cubango, no sudeste de Angola. As ilustrações coloridas, do artista moçambicano Roberto Chicharro, transmitem o vigor da natureza. A borboleta é um dos muitos bichos que aparecem nos versos, como em *Canção das borboletas*:

[...] As borboletas
Batem as asas
Como se batessem palmas

(Assim
Por cima da cabeça)

E semeassem cores
E sacudissem o pó... [s.n.]

Longe das tradições orais, outra fonte deve ter servido de inspiração para os versos do brasileiro Manoel de Barros, ao compor o poema *Borboletas*, publicado na obra intitulada *Ensaios fotográficos*:

Borboletas me convidaram elas.
O privilégio insetal de ser uma borboleta me atraiu.
Por certo eu iria ter uma visão diferente dos homens e das coisas.
Eu imaginava que o mundo visto de uma borboleta —
Seria, com certeza, um mundo livre aos poemas... (p. 59)

E o jovem autor angolano Ondjaki, declarado admirador de Manoel de Barros, parece também seduzido pela graça da borboleta. No livro de poemas *Há prendisajens com o xão (o segredo húmido da lesma & outras descoisas)*, os versos de *Para vivenciar nadas*, fazem uma confissão:

[...] borboleta tem correspondência directa
com a palavra alma.
para existir usa liberdades (p. 37).

Enquanto isso, os pequeninos se divertem com os versinhos cantados:

Borboletinha
tá na cozinha
fazendo chocolate
para a madrinha.

Potipoti
perna de pau
olho de vidro
nariz de pica-pau.

Arremate de conversa

Um país **antropofágico**

Esta noite tive um sonho
que não me sai da lembrança,
sonhei que vi a saudade
abraçada com a esperança.
(autor anônimo)

Os ritos antropofágicos, praticados séculos atrás por alguns povos sul-americanos, quase sempre traduziam um gesto de respeito: acreditava-se que as qualidades do morto poderiam ser absorvidas por aqueles que dele se alimentassem.

Talvez partindo desse princípio, Oswald de Andrade (1890-1954) lançou seu *Manifesto Antropófago*, no qual pregava a "devoração" das culturas estrangeiras, assim como das culturas dos indígenas e dos negros que aqui habitavam, para a criação de um patrimônio artístico genuinamente brasileiro. Sem sombra de dúvida, Oswald de Andrade – um dos expoentes do movimento modernista brasileiro – foi um dos primeiros artistas a dar o devido valor às matrizes indígenas e africanas (ou, àquela altura, afrodescendentes) – e não apenas aos saberes provenientes da Europa e dos Estados Unidos – como formadoras da identidade de nosso povo e, consequentemente, de nossa cultura.

É para refletir sobre o conceito de absorção de outras culturas que nos propusemos a levantar aspectos encontrados na literatura que revelem o encontro do Brasil indígena e europeu com a cultura africana. A Literatura, aqui, vista como uma arte que incorpora múltiplos elementos, permite um trabalho interdisciplinar.

O escritor moçambicano Mia Couto, em artigo intitulado *Meu nome é África*, pondera:

> As pessoas acreditam que são originariamente africanos o caju, a manga, a goiaba, a papaia. E por aí fora. Ora, nenhum desses frutos é nosso, no sentido de ser natural do continente... Mas aqui se coloca a questão: essas coisas acabam sendo nossas por que, para além da sua origem, lhes demos a volta e as refabricamos à nossa maneira... mas o prato que preparamos é nosso, porque o fomos caldeando à nossa maneira.[25]

[25]Meu nome é África. Disponível em: <http://www.casadasafricas.org.br/banco_de_textos/01&id_texto=2>. Acesso em: 24 out. 2011.

Todo alimento bem preparado, assim como uma obra literária, contém diversos ingredientes. Podemos preferir um ou outro componente, mas, para que o resultado seja bom, todos terão de ter alguma qualidade. Precisamos conhecê-los, experimentá-los para reconhecer qual agrada mais ao paladar de cada um.

Como compreender o processo de antropofagia/miscigenação em nossa sociedade sem mencionar os encontros de povos e culturas resultantes da formação dos quilombos nos séculos XVII e XVIII? Sabe-se que os quilombos foram formados por cativos, em sua grande maioria negros, fugidos de fazendas, seguidos por indígenas e alguns poucos brancos rebeldes.

A comissão pró-índio, situada no Estado de São Paulo, faz um mapeamento de diversas comunidades quilombolas no Brasil e as define como formadas por grupos que desenvolveram práticas de resistência na manutenção e reprodução de seus modos de vida característicos. O que caracterizaria os quilombos não seriam o isolamento e a fuga, e, sim, a resistência e a autonomia. Da mesma forma, eles não se encontravam – nem se encontram

—, necessariamente, isolados e distantes de grandes centros urbanos ou de fazendas.[26]

[26]Disponível em: <http://www.cpisp.org.br/comunidades/>. Acesso em: 24 out. 2011.

Nos últimos anos, também é crescente a produção editorial de autoria indígena, e o resgate de sua história pela escrita corre paralelo às conquistas sociais dos diversos povos formadores de nossa sociedade. Inteirar-se desse processo, entender o porquê do surgimento dessas duas literaturas, indígena e africana, é um passo dado ao encontro da origem do ser e estar do homem brasileiro.

Um debruçar sobre as obras de autores da África e sobre as abordagens africanas na literatura infantil brasileira nos aproxima da diversidade. Ao olhar, reconhecemos a existência de uma produção expressiva, de uma literatura que tem voz.

É certo que as polêmicas são muitas. O modo de ser atual, de modelo predominantemente urbano, ao mesmo tempo que rompe com tradições arcaicas, de predomínio de um mundo rural, propicia o surgimento de novos atores sociais e, com isso, traz constantes tensões e reflexões. Emergem conflitos de classes, étnicos, culturais e religiosos, que afetam a todos. E, afinal, o que resulta disso?

A questão é estarmos atentos aos valores que tais conflitos levantam para a sociedade. Imaginamos que, ao apresentar um quadro atual de iniciativas e produções culturais, especialmente na área de publicações editoriais – além de festas, simpósios, exposições –, possamos vislumbrar uma mudança no comportamento social, na direção da tolerância e respeito às diferenças. Uma chance de enriquecimento e intercâmbio entre grupos que se distinguem. É a literatura cumprindo o papel de mudar as pessoas, como sugeria Mario Quintana.

Mais informações e pesquisas

Para ler, ver, ouvir e **sentir**

Para enriquecer os temas comentados neste livro, foram sugeridos alguns títulos da produção editorial brasileira recente. São textos que falam de Áfricas, que explicam Áfricas – alguns mesclam literatura com informações, relatam histórias de guerras e lutas, poucos narram cotidianos atuais e muitos resgatam contos tradicionais de diferentes países. Como complemento, filmes e páginas virtuais.

1. ABC do continente africano. Rogério Andrade Barbosa (texto) e Luciana Justiniani Hees (ilustração). Rio de Janeiro: SM, 2007.

Segundo Nei Lopes, no prefácio: "A África tem um espírito e um saber. E esse saber e esse espírito africanos no campo das artes, ciências, técnicas e filosofia ligam o mais profundo do continente à essência milenar da Antiguidade egípcia, etíope e núbia." Para atingir esse saber, devemos começar pelo ABC. Neste ABC, em que A é de África e sua diversidade, B é de baobá e suas características e C é de cidades urbanas e populosas, podemos prosseguir no alfabeto e encontrar símbolos representativos de diversas regiões do continente.

Esta pré-alfabetização, se oportunamente desenvolvida pelo educador, pode despertar na criança o gosto pelas múltiplas combinações que as letras e seus significados permitem.

2. Cartas entre Marias – Uma viagem à Guiné-Bissau. Virginia Maria Yunes (texto e fotografias) e Maria Isabel Leite (texto). São Paulo: Evoluir, 2009.

Em texto ficcional, duas meninas se correspondem, quando uma delas viaja com seus pais e irmãos para uma aldeia no interior de Guiné-Bissau. Em seus contatos, trocam impressões sobre as particularidades dessa região, seus hábitos e costumes. As cartas são emolduradas por belas fotos de tons e expressões fortes, todas do acervo da fotógrafa Virginia Yunes, que relata ter vivido em diversos países da África, inclusive Guiné-Bissau.

3. Chica e João. Nelson Cruz (texto e ilustração). São Paulo: Cosac Naify, 2007.

O autor idealizou esse livro em pesquisas sobre registros de época. Comparou gravuras antigas a monumentos históricos remanescentes na cidade de Diamantina, Minas Gerais, e, como resultado, criou ilustrações que pudessem representar o cenário da época. As gravuras inspiradoras são de Rugendas, pintor de origem alemã que, durante o século XIX, em expedições pelo Brasil, registrou em desenhos, principalmente a bico de pena, situações cotidianas e paisagísticas do País. O texto ficcional é inspirado na lendária história do romance de Chica da Silva com um contratador português, João Fernandes.

4. **Coleção Olhar e Ver – Crianças – Olhar a África e Ver o Brasil**. Raul Lody (organizador) e Pierre Verger (fotos). São Paulo: Companhia Editora Nacional, 2005.

Pierre Verger, fotógrafo francês, veio para o Brasil no início do século XX e dedicou-se, por longo tempo, a retratar o negro e seu cotidiano, tanto no Brasil como em países do continente africano. Raul Lody organiza as características fotos em preto e branco de Pierre Verger em quatro livros que exploram e comparam situações cotidianas de vida: crianças, o mundo do trabalho, as influências e a vida em sociedade, no Brasil e em países africanos.

5. **O comedor de nuvens**. Heloisa Pires Lima (texto) e Suppa (ilustração). São Paulo: Paulinas, 2009.

Ao ouvir falar de antepassados, de aldeias antigas, guerreiros, baobás, de cabelos trançados, de princesas gêmeas, do rei Ashanti, como você imaginaria esse texto? Muito possivelmente se pensaria em um texto tradicional de origem africana. Mas não. No livro, texto e imagens mesclam os elementos de contos tradicionais africanos com os de uma narrativa contemporânea.

6. **Contos da lua e da beleza perdida**. Sunny (texto) e Denise Nascimento (ilustração). São Paulo: Paulinas, 2009.

Os autores de Ulomma, publicado em 2006, resgatam novas histórias fabulosas, marcadas pela presença de ensinamentos, cantigas e harmonia entre homens e animais. Essa nova obra apresenta cinco contos com temas sobre a soberba, a beleza e a esperança, a astúcia e as maldades em reinos longínquos. Em todos eles, a música tem seu papel e são reminiscências do idioma ibo, da Nigéria. A ilustração de Denise Nascimento compõe o texto com força e arte.

7. **As cores no mundo de Lúcia**. Jorge Fernando dos Santos (texto) e Denise Nascimento (ilustração). São Paulo: Paulus, 2010.

Em texto metalinguístico, o escritor fala sobre cores. Lúcia, em seu cotidiano, conhece as cores com quatro de seus sentidos: o olfato, o tato, o paladar e a audição. Com o olfato, identifica o verde da limonada; já com o tato, reconhece o verde da folha de musgo. Pela audição, sente o branco como um zumbido suave e constante, por perceber a presença de insetos nas flores da jabuticabeira.

Com surpresa, Lúcia descobre que a rosa nem sempre é cor-de-rosa. Aquele perfume pode ter várias cores. "Inclusive", diz o jardineiro, "a mais rara de todas as rosas é de um vermelho tão escuro que passou a ser conhecida como rosa negra. Negra, sim, igual à sua pele". Com essa descoberta, a menina deduz que o negro era a única cor que seus olhos podiam ver.

As belas ilustrações de Denise Nascimento revelam ao leitor a família de Lúcia. O privilégio de conhecê-la em sua cor não nos afasta do prazer da última descoberta que a menina faz.

8. **Etnias e culturas**. Nereide Schilaro Santa Rosa (texto). São Paulo: Moderna, 2004.

A escritora recebeu o Prêmio Jabuti por sua COLEÇÃO A ARTE DE OLHAR, e, nesse mesmo ano, publicou *Etnias e culturas*, pela COLEÇÃO ARTES E RAÍZES. A partir da arte brasileira, Nereide traça uma cronologia de nossa ancestralidade.

Telas de Tarsila do Amaral, pinturas de Rugendas, documentos e quadros do acervo da Fundação Biblioteca Nacional, do Museu Nacional de Belas Artes do Rio de Janeiro, de coleções particulares e de xilogravuras em livros de Hans Staden, entre outros, são expostos como representativos da evolução de nosso processo identitário. Assim finaliza seu texto:

> Indígenas, portugueses, cafusos, mulatos, franceses, holandeses, africanos, espanhóis, italianos, alemães, japoneses, árabes...
>
> Hoje somos todos brasileiros, fruto de uma rica fusão de grupos. Este é o nosso país: um Brasil bem brasileiro (p. 31).

9. **Ganga Zumba**. Rogério Borges (texto e ilustração). São Paulo: Editora do Brasil, 2010.

Nesta obra, Rogério Borges procura retratar a juventude do líder negro da história brasileira, Ganga Zumba, e, com poesia, o escritor revê momentos do menino cativo, que encontra forças no deus Zambi para trilhar o seu destino: "Cativo na vida, mas livre na vontade, ele trabalha e trabalha, cansa e espera. Espera que a hora chegue."

10. **O gato e o escuro**. Mia Couto (texto) e Marilda Castanha (ilustração). São Paulo: Companhia das Letrinhas, 2008.

Da dualidade claro/escuro ou dia/noite, Mia Couto constrói o texto na esperança de afastar ideias escuras sobre o escuro. Ultrapassando regras e limites, o gato sacia sua curiosidade em experiências do lado de lá, além da fronteira. Depara-se com o escuro. E desse encontro surgem medos e carícias.

11. **Histórias da Cazumbinha**. Meire Cazumbá (texto) e Marie Ange Bordas (fotos e ilustrações). São Paulo: Companhia das Letrinhas, 2010.

Este livro é fruto do trabalho desenvolvido pelas autoras em oficinas de contação de histórias numa comunidade do município de Bom Jesus da Lapa, na Bahia, e situada às margens do Rio São Francisco. A comunidade foi criada em 1800, por escravos negros fugidos, índios e brancos, denominando-se Quilombo de Rio das Rãs.

Tendo em vista que essas oficinas foram realizadas em 2008 e 2009, o resultado é de grande valia para conhecermos como essa comunidade está constituída. Adultos e crianças participaram da concepção final do livro: das narrativas e ilustrações. Nos relatos cronológicos e em capítulos, a autora inicia com o nascimento de Cazumbinha, na época em que o parto era feito por uma "índia velha, a Sá Maria Caetana".

O texto ficcional é entremeado por crenças e religiosidades, brincadeiras junto à natureza e situações cotidianas a qualquer criança:

medos noturnos, xixi na cama, indagações e travessuras. Um pequeno retrato da miscigenação brasileira.

12. Ifá, o adivinho. Reginaldo Prandi (texto) e Pedro Rafael (ilustração). São Paulo: Companhia das Letras, 2002.

De seu livro *Mitologia dos orixás*, Reginaldo Prandi selecionou algumas narrativas para apresentar às crianças – contos trazidos por escravos que aqui aportaram. Foi Ifá o primeiro a colecionar as histórias narradas. Na sua condição de adivinho, ouvia histórias de pessoas em busca de soluções para suas dificuldades. Quando Ifá ganhou esse cargo, recebeu de Olorum uma orientação: "Na vida tudo é repetição. Aprende as histórias que aconteceram no passado e saberás o que se passa no presente e tudo o que no futuro ocorrerá" (p. 45).

Essa é a ciência de Ifá, o adivinho: recolher e transmitir as histórias.

13. Irmãos zulus. Rogério Andrade Barbosa (texto) e Ciça Fittipaldi (ilustração). São Paulo: Larousse Júnior, 2006.

O escritor fez essa recolha entre os povos zulu, encontrados na África do Sul, Moçambique e Zimbábue. Reconhecemos neste conto a inter-relação homem/animal/natureza, que são elementos característicos de narrativas de tradição africana.

14. Kalahári – Uma aventura no deserto. Rogério Andrade Barbosa (texto). São Paulo: Melhoramentos, 2009.

Este livro é uma edição ampliada de *A morte ronda o Kalahari*, publicado em 1992. É uma história de aventuras, em que um jovem e seu pai percorrem o deserto em Botsuana. Com muita ação, desbravam pântanos, vales, rios e colinas e conhecem as pinturas rupestres de ancestrais dos bosquímanos, povos que vivem na região desértica de Kalahari. O jovem tem a oportunidade de travar contato com a história da luta de Nelson Mandela e com aspectos políticos, sociais e culturais do sul da África.

15. **O leão Kandinga**. Boniface Ofogo (texto) e Elisa Arguilé (ilustração). São Paulo: Kalandraka, 2010.

Boniface Ofongo, de Camarões, na África Central, reconta uma narrativa tradicional dos povos bantu. A premiada ilustradora espanhola, Elisa Arguilé, procura desenvolver trabalhos gráficos que acompanhem a voz de autores. Como resultado dessa sintonia, *O leão Kandinga* recebeu em 2009 o Prêmio da Fundação CJ de Cultura, na Coreia do Sul, e o selo Altamente Recomendável da FNLIJ de 2011, entre outros.

Os autores narram uma fábula sobre a astúcia de uma lebre, a ganância do leão e o encontro com a venenosa serpente negra.

16. **O livro negro das cores**. Menena Cottin (texto), Rosana Faría (ilustração), Miguel Gouveia (tradução). Rio de Janeiro: Pallas, 2006.

Por esta obra, as artistas venezuelanas receberam diversos prêmios, entre eles o Bologna Ragazzi, em 2007, sendo laureado pelo seu trabalho gráfico e suas ilustrações.

É um livro para ser lido com todos os sentidos. Com o tato, sentimos a ilustração em relevo, lemos a escrita em Braille. Pela audição, o pequeno leitor sente o barulhinho do marrom sob seus pés e aguça o olfato pelo cheiro da grama cortada. É também a audição que desperta o paladar para o azedinho do morango. Com a visão, todos os sentidos se integram para reconhecer o preto como o rei de todas as cores. A sensibilidade criativa das autoras desperta no leitor a noção do todo que compõe o ser humano, independentemente das diferenças de cada um.

17. **O marimbondo do quilombo**. Heloisa Pires Lima (texto) e Rubem Filho (ilustração). São Paulo: Amarylis, 2011.

Em narrativa livre, Heloisa recria a chegada de Zumbi ao Quilombo de Palmares. O *muleke* sonhava um sonho bonito quando no bico de um grande carcará voa e aterrissa em alguns quilombos de terras brasileiras, Quissange, Eldorado e Kalungas, até voltar ao reino de Zambi. O marimbondo é o narrador, que não quer perder a história.

18. **A mbira da beira do rio Zambeze**. Heloisa Pires Lima (organizadora), Décio Gioielli (músico), Marie Ange Bordas (fotos) e Suppa (ilustração). Rio de Janeiro: Moderna, selo Salamandra, 2007.

Na organização de Heloisa surgem informações, associadas a um texto em linguagem clara e coloquial mesmo com as diferentes expressões da língua do povo xona. Em sua narrativa podemos conhecer aspectos da cultura desse povo, como o espírito protetor que assume a forma de um leão. E a mbira? Essa é apresentada em detalhes como um instrumento musical da família que tem em comum as lâminas, e no livro vem retratada também pelos desenhos de Debret e Rugendas. E por que mbira? Porque é um instrumento que faz parte das pesquisas de Décio Gioielli, que compôs e interpreta as cinco músicas do CD que acompanha essa obra. As fotos e ilustrações, de Marie Ange e Suppa, respectivamente, também dão ao livro uma bela composição.

19. **Meio sol amarelo**. Chimamanda Ngozi Adichie (texto) e Beth Vieira (tradutora). São Paulo: Companhia das Letras, 2008.

Neste romance, a jovem autora nigeriana Chimamanda Adichie se baseou em pesquisas sobre a guerra e em histórias de pessoas reais para contar a tentativa frustrada da criação da República de Biafra, na década de 1960. Os horrores da guerra, conflitos e contradições de um país em luta para encontrar sua identidade no período pós-colonial se refletem na trajetória das personagens.

Em Oxford, em 2009, a escritora é aclamada em discurso em que aborda o que chama de "o perigo de uma única história". Para ela, a história única cria estereótipos e esses são incompletos. [27]

[27]Disponível em: <http://www.youtube.com/watch?v=O6mbjTEsD58&feature=related> e <http://www.youtube.com/watch?v=SZuJ5O0p1Nc&feature=related> (parte 2). Acesso em: 27 out. 2011.

20. **A menina que bordava bilhetes**. Lenice Gomes (texto) e Ellen Pestili (ilustração). São Paulo: Cortez, 2008.

Para (re)conhecer a criança brasileira em suas heranças, a escritora buscou cantigas e parlendas de nossa história transmitidas oralmente e que fazem parte de nosso imaginário. Margarida, a menina bordadeira, é o fio que costura o encontro de tradições do seu vilarejo. E, ao seu redor, por todos era apontada como:

> A cor morena
> É cor de canela
> A cor morena
> É uma cor tão bela.

21. **Um menino chamado Negrinho**. Hellenice Ferreira (texto) e Luís Silva (ilustração). Rio de Janeiro: Escrita Fina, 2011.

A lenda brasileira *O Negrinho do Pastoreio* está recontada por Hellenice Ferreira, em harmonia com as ilustrações do artista angolano Luís Silva.

Supõe-se que a lenda seja contada desde meados do século XIX, fruto do movimento abolicionista. A história exalta a figura do menino escravizado que, retirado do convívio dos pais, atende pelo nome de Negrinho. Sua madrinha protetora é Maria, mãe de Jesus, o que deixa claro a influência de valores cristãos em sua narrativa. O ilustrador angolano Luís Silva foi premiado em 2008 por *O livro da avó*. As imagens dos dois livros têm como referência suas memórias da África.

22. **Menino parafuso**. Olívia de Mello Franco (texto) e Angelo Abu (ilustração). Belo Horizonte: Autêntica, 2008.

Das lembranças de uma festa típica da cidade de Lagarto, em Sergipe, Olívia cria seu texto. Segundo reza a história, a vestimenta, ainda hoje usada nesse folguedo, provém das brancas anáguas das sinhás que secavam em varais, eram roubadas e usadas por escravos como disfarces.

Nessa festa, os brincantes – dançarinos e tocadores de sanfona e instrumentos de percussão – desfilam ao som de uma música que não mais se assemelha ao ritmo africano, uma vez que já é fruto do sincretismo. Segundo Olívia, teria sido composta por um padre. Este mesmo padre teria batizado o grupo com o nome de "Parafuso", encantado com o rodopio de suas anáguas.

23. Meu avô africano. Carmen Lúcia Campos (texto) e Laurent Cardon (ilustração). São Paulo: Panda Books, 2010.

Este livro pertence à Coleção Imigrantes do Brasil, idealizada com o propósito de resgatar as origens e a cultura dos povos que construíram a história do povo brasileiro.

Entre ficção e informações, a autora mostra o cotidiano de uma família de classe média brasileira. A partir da relação que a criança estabelece com seu avô, o leitor passa a conhecer detalhes sobre a origem de sua família. O avô conta ao neto um pouco sobre os diversos países do continente africano e relata a chegada de diferentes povos ao Brasil. Texto e ilustração são representativos de um cotidiano contemporâneo, sem perder o elo com a memória.

24. Minha família é colorida. Georgina Martins (texto) e Maria Eugênia (ilustração). São Paulo: SM, 2003.

Georgina Martins, em texto simples e direto, relata a história de uma típica família brasileira: um tem cabelo liso, outro encaracolado, os tons de pele variam e as perguntas que surgem são muitas, o que permite ao leitor entender um pouco da miscigenação em nosso país.

25. Minhas contas. Luiz Antonio (texto) e Daniel Kondo (ilustração). São Paulo: Cosac Naify, 2008.

Minhas contas é um livro em que texto e imagens caminham em belo entrecruzamento de fios e contas para mostrar a importância do respeito às diversidades religiosas. No encontro de cores, de linhas e letras, chora-se um rio, grita-se um trovão, busca-se um colo de pai, até reencontrar-se na história de seus orixás.

26. **Nzuá e a cabeça**. Toni Brandão (texto) e Eduardo Engel (ilustração). São Paulo: Melhoramentos, 2009.

O reconto desse livro é apresentado como um dos mais famosos contos de Angola. O livro conjuga a ficção do reconto com informações breves sobre povos de língua banto, alguns de seus hábitos e costumes.

27. **Omo-Oba – Histórias de princesas**. Kiusam de Oliveira (texto) e Josias Marinho (ilustração). Belo Horizonte: Mazza, 2009.

Como contadora de histórias engajadas na política das identidades negras, a escritora, doutora em Educação pela USP, escolheu contos sobre o universo feminino, retratados na tradição da cultura de povos yorubá. São histórias de princesas e suas características específicas: orixás femininos que se transformarão em rainhas – Oiá, que, além de bela, era uma guerreira; Oxum, a sedutora; Iemanjá e seus atributos especiais, e muitas outras.

28. **Onde está você, Iemanjá?** Leny Werneck (texto) e Philippe Davaine (ilustração). Rio de Janeiro: Galerinha Record, 2011.

Neste livro, Leny Werneck cria uma história com a representação de Iemanjá na cultura brasileira: é o dia 31 de dezembro, festa de ano-novo e de Iemanjá. No cotidiano de uma pequena ilha, crianças acompanham o ritual de homenagens à deusa Iemanjá.

Esse projeto contou com a parceria da seção francesa da Anistia Internacional, entidade formada por colaboradores voluntários em cerca de 150 países, que lutam pelo respeito à Declaração Internacional dos Direitos Humanos.

29. **O presente de Ossanha**. Joel Rufino dos Santos (texto) e Maurício Veneza (ilustração). São Paulo: Global, 1997.

Há mais de cem anos, um menino negro de nome Moleque é comprado para fazer companhia ao filho do dono de engenho. Entre brincadeiras e pequenas caçadas, Moleque se encontra com Ossanha, o senhor/senhora, que usava cocar e não era índio e também era negro e de uma perna só. De Ossanha, o moleque recebe a orientação para fisgar um pássaro. E que pássaro!

Nesse relato simples, com a chancela de Joel Rufino, estão presentes elementos da cultura africana que constituíram a nossa sociedade.

30. **O Quilombo Orum Aiê**. André Diniz (roteiro e desenho). Rio de Janeiro: Galera Record, 2009.

Na técnica dos quadrinhos, o premiado artista integra a História à sua arte.

Durante o movimento de insurreição dos negros islâmicos, de 1835, na Bahia, conhecido como A Revolta do Malês, o menino de apelido Capivara envolve-se com uma escrava e, juntos, partem em busca da liberdade. É uma história aventuresca na peregrinação em busca do Quilombo Orum Aiê.

31. **Os reizinhos do Congo**. Edimilson de Almeida Pereira (texto) e Graça Lima (ilustração). São Paulo: Paulinas, 2004.

São dois contos no livro: *Reizinho do Congo* e *Rainha-menina*. Em texto e imagens líricas e simbólicas, os autores homenageiam a festa do Congado, que é a celebração aos ancestrais de origem africana em sincretismo com a religião católica.

Em *Rainha-menina:*

> Dessa noite grávida de sílabas está saindo a rainha--menina de Congo. Suas tranças se emendam para alongar a família. Antes dela, sua avó e sua mãe surgiram do ventre da noite (p. 14).

Em *Reizinho do Congo:*

> Hoje é o dia esperado. Virão gentes de todas as partes. Uns com tecidos de ontem, outros com o coração à mostra. Muitos com os pés descalços para dançar sem cansaço (p. 6).

32. **Rua Luanda**. Edimilson de Almeida Pereira (texto) e Rubem Filho (ilustração). São Paulo: Paulinas, 2007.

Este livro apresenta 38 contos-poemas sem características informativas. As personagens criadas por Rubem Filho poderiam ser encontradas em qualquer Rua Luanda. Mas podemos refletir sobre algumas referências à cultura africana, como quando o escritor cita Kianda, a sereia de Angola, no poema que dá nome ao livro, ou quando nos remete a Ananse, em *A aranha-viva,* a aranha que sabe histórias como ninguém! – ou mesmo quando propõe uma adivinha em *Onde o mar começa*:

> – Quem seria se nos faltasse o nome?...
>
> ... Adivinhamos onde se perde o mar.
>
> ... Com sua licença, o nome que somos aqui será (p. 4).

33. **Os tesouros de Monifa**. Sonia Rosa (escritora) e Rosinha (ilustração). São Paulo: Brinque-Book, 2009.

A escritora conta que, como a menina da história, ela também sempre sentiu a força do amor das mulheres de sua família. Esse é o tema central do livro: no dia de seu aniversário, a menina recebe como presente uma caixa que pertencia à bisavó de sua avó. A menina, como filha mais velha, torna-se a guardiã das histórias de sua família e reconhece o presente como um tesouro, pois entende que sua tataravó é um pouquinho avó de todos os brasileiros.

As ilustrações de Rosinha dão o tom da atualidade e da rotina de uma família, com ênfase na mulher.

34. Sikulume e outros contos africanos. Julio Emílio Braz (adaptação) e Luciana Justiniani (ilustração). Rio de Janeiro: Pallas, 2008.

Os contos apresentados são adaptações de narrativas dos povos kaffir da África do Sul e apenas um deles é original da Nigéria

– *Por que o Sol e a Lua foram morar no céu* – e, simbolicamente, fala da importância da água na formação do universo.

Os relatos dos kaffir mantêm a estrutura tradicional de inter--relações homem/natureza/animais.

O conto-título, *Sikulume*, se desdobra em pequenas histórias sequenciais sobre relações familiares, disputas entre aldeias e seus guerreiros, prática do canibalismo, sempre no mesmo tom.

À luz de uma interpretação ocidental de conceitos de vida e morte, reconhecidos como distintos dos de diferentes sociedades africanas, podemos ressaltar o conto *A mãe canibal e seus filhos*: a mãe canibal abandona os filhos com o avô para viver com o marido, que não era canibal. Ambos se protegem. As crianças crescem e querem encontrá-los, mas acabam sendo engolidas pela mãe em momento de "necessidade". Um pássaro com um machado abre a barriga da mulher e os únicos sobreviventes de seu abdome são os dois filhos que voltam para a casa do avô e... são felizes para sempre.

35. **Valentina**. Márcio Vassalo (texto) e Suppa (ilustração). São Paulo: Global, 2007.

Imaginário, sonhos e beleza se fundem com a realidade da menina Valentina, em cujo quarto tinha uma janela com vista para dentro e cortina que abria ideia. Com o passar do tempo, conhecer o Tudo despertava sentimentos novos de curiosidade. Mas qual! No tudo, as crianças sonhavam igual e as meninas queriam ser princesas também.

Rio de Janeiro, morro acima, morro abaixo, o pensamento da criança é o mesmo.

 # Filmes

1. Kiriku e a feiticeira. Michel Ocelot (direção), França, 71 min, 1998.

Filme de animação para crianças. Sua história é baseada em uma lenda da África Ocidental. Recebeu prêmio de Melhor Filme no Festival Annecy de Animação na França, em 1999.

2. Atlântico negro – Na rota dos Orixás. Renato Barbieri (direção) e Victor Leonardi (roteiro e pesquisa). Brasil, 54 min, 1998.

Documentário que apresenta relatos na voz de diversos pesquisadores e de sacerdotes da região de Benim, na África, e do Maranhão e Bahia, no Brasil. Um dos destaques é a apresentação da comunidade dos Agudá: uma etnia descendente de escravos brasileiros que retornaram à África, levando para Benim o que aprenderam no Brasil quando aqui viveram com europeus e indígenas.

 # Bibliografia

Informativos e teóricos

ABDALA JÚNIOR, Benjamin. *De voos e ilhas*: literatura e comunitarismos. São Paulo: Ateliê, 2003.

_____. *Fronteiras múltiplas, identidades plurais:* um ensaio sobre mestiçagem e hibridismo cultural. São Paulo: Senac, 2002.

_____. (Org.). *Margens da cultura*: mestiçagem, hibridismo & outras misturas. São Paulo: Boitempo, 2004.

ARAÚJO, Kelly Cristina. Áfricas no Brasil. São Paulo: Scipione, 2004. Arte Africana. In: *O Mundo do Saber:* enciclopédia em 8 volumes. Edição em português adaptada. Rio de Janeiro: Delta, 1981-1986. p. 138-9. v. 1.

BASTIDE, Roger. *O candomblé da Bahia*. São Paulo: Companhia das Letras, 2001.

BHABHA, Homi K. *O local da cultura*. Tradução de Myriam Ávila *et al.* Belo Horizonte: Editora UFMG, 2003.

BENISTE, José. *Dicionário Yorubá-Português*. Rio de Janeiro: Bertrand Brasil, 2011.

CAMPOS, André Luiz Vieira de. *A república do Picapau Amarelo:* uma leitura de Monteiro Lobato. São Paulo: Martins Fontes, 1986.

CASCUDO, Luís da Câmara. *Made in África*. Rio de Janeiro: Civilização Brasileira, 1965.

COELHO, Nelly N. *Dicionário Crítico da Literatura Infantil e Juvenil Brasileira*. 3. ed. rev. e atual. São Paulo: Companhia Editora Nacional, 2006.

COLOMER, Teresa. *A formação do leitor literário*. São Paulo: Global, 2003.

COSTA E SILVA, Alberto. *A África explicada aos meus filhos*. Rio de Janeiro: Agir, 2008.

DÓRIA, Antonio Sampaio. *O preconceito em foco*: análise de obras literárias infantojuvenis. Reflexões sobre História e Cultura. São Paulo: Paulinas, 2008.

DUARTE, Eduardo de Assis; FONSECA, Maria Nazareth S. *Literatura e afrodescendência no Brasil*: antologia crítica. Belo Horizonte: Editora da UFMG, 2011. 4 v.

FARIA, Maria Alice. *Como usar a literatura infantil na sala de aula*. 4. ed. São Paulo: Contexto, 2007.

HALL, Stuart. *Da diáspora*: identidades e meditações culturais. Tradução de Adelaine Resende *et al*. Belo Horizonte: Editora UFMG, 2003.

HAUSER, Arnold. *Historia Social de la Literatura y el Arte*. Madrid: Ediciones Guadarrama S.A., 1969.

HOUAISS, Antônio; VILLAR, Mauro de Sales. *Dicionário Houaiss da Língua Portuguesa*. Rio de Janeiro: Objetiva, 2001.

KOUROUMA, Ahmadou. *Homens da África*. Tradução de Roberta Barni. Ilustrações de Giorgio Bacchin. São Paulo: Edições SM, 2009.

LACERDA, Nilma Gonçalves. *Cartas do São Francisco*: conversas com Rilke à beira do rio. São Paulo: Global, 2001.

LAJOLO, Marisa. *Monteiro Lobato:* um brasileiro sob medida. São Paulo: Moderna, 2000.

_____; CECCANTINI, João Luís (Orgs.). *Monteiro Lobato, livro a livro:* obra infantil. São Paulo: Editora Unesp; Imprensa Oficial do Estado de São Paulo, 2008.

_____; ZILBERMAN, Regina. *A leitura rarefeita*: leitura e livros no Brasil. São Paulo: Ática, 2002.

LIMA, Maria Nazaré Mota de (Org.). *Escola plural*: a diversidade está na sala: formação de professores em história e cultura afro-brasileira e africana. 2. ed. São Paulo: Cortez; Unicef; Salvador: Ceafro, 2006.

LODY, Raul. *O povo do santo*: religião, história e cultura dos orixás, voduns, inquices e caboclos. São Paulo: Martins Fontes, 2006.

LOPES, Vera Neusa. Afrodescendência: pluralidade cultural precisa e deve abordar a questão do negro brasileiro. *Revista do Professor*, Porto Alegre, v. 17, n. 67, jul.-set. 2001.

_____. Negros em destaque: contribuições de africanos e afrodescendentes para um mundo cidadão. *Revista do Professor*, Porto Alegre, v. 22, n. 86, abr.-jun. 2006.

_____; SOARES, Carmem Suzana de Lima. Educação patrimonial: valorizando, preservando, construindo e difundindo a cultura afro-brasileira. *Revista do Professor*, Porto Alegre, v. 22, n. 88, out.-dez. 2006.

LUSTOSA, Isabel. *A história dos escravos*. Ilustrações de Maria Eugênia. São Paulo: Companhia das Letrinhas, 1998.

MAATHAI, Wangari. *Inabalável:* memórias. Tradução de Janaína Senna. Rio de Janeiro: Nova Fronteira, 2007.

MACHADO, Ana Maria. *Balaio*. Rio de Janeiro: Nova Fronteira, 2007.

MARTINS, Maria Helena. *O que é leitura?* São Paulo: Brasiliense, 1986.

OLIVEIRA, Ieda (Org.). *O que é qualidade em literatura infantil e juvenil?*: com a palavra o escritor. São Paulo: DCL, 2005.

OLIVEIRA, Maria Alexandre de. *A literatura para crianças e jovens no Brasil de ontem e de hoje*. São Paulo: Paulinas, 2008.

PARÂMETROS Curriculares Nacionais: *Pluralidade Cultural e Orientação Sexual*. Secretaria de Educação Fundamental. Brasília, DF: MEC/SEF, 1997.

PENTEADO, Heloísa Dupas; GARRIDO, Elsa (Orgs.). Pesquisa-ensino: a comunicação escolar na formação do professor. In: OLIVEIRA, Maria Alexandre. *Ensino de Literatura Infantil*: ferramentas de pesquisa-ensino. São Paulo: Paulinas, 2010. p. 245-269.

PERROTI, Edmir. *Confinamento cultural*: infância e leitura. São Paulo: Summus, 1990.

PRANDI, Reginaldo. *Herdeiras do axé*. São Paulo: Hucitec, 1996.

_____. *Mitologia dos orixás*. São Paulo: Companhia das Letras, 2000.

_____. *Os candomblés de São Paulo*. São Paulo: Hucitec, 1991.

ROCHA, Rosa Maria de Carvalho. *Pedagogia da diferença*. Belo Horizonte: Nandyala, 2009.

ROSA, Nereide Schilaro Santa. *Jindanji:* as heranças africanas no Brasil. São Paulo: Duna Dueto, 2008.

SANTOS, Joel Rufino dos. *A História do Brasil*. São Paulo: Marco Editorial, 1979.

_____. *A história política do futebol brasileiro*. São Paulo: Brasiliense, 1981.

SANTOS, Joel Rufino dos. *Como podem os intelectuais trabalhar para os pobres*. São Paulo: Global, 2004.

_____. *Na rota dos tubarões*: o tráfico negreiro e outras viagens. Ilustrações de Rafael Fonseca. Rio de Janeiro: Pallas, 2008.

_____. *O que é racismo*. São Paulo: Brasiliense, 1998.

_____. *Quem ama literatura não estuda literatura*. Rio de Janeiro: Rocco, 2008.

SECCO, Carmen Lucia Tindó (Org.). *Entre fábulas e alegorias*. Rio de Janeiro: Quartet, 2007.

SERRA, Elizabeth D'Angelo. *Ética, estética e afeto na literatura para crianças e jovens*. São Paulo: Global, 2001.

_____. *Ler é preciso*. São Paulo: Global, 2002.

_____. (Org.). *30 anos de literatura para crianças e jovens*. Campinas: Mercado de Letras, 1998.

SILVA, Ezequiel Theodoro. *Leitura na escola e na biblioteca*. Campinas: Papirus, 1991.

SODRÉ, Lilian Abreu. *Música africana em sala de aula*. São Paulo: Duna Dueto, 2010.

SOUZA, Marina de Mello e. *África e Brasil africano*. São Paulo: Ática, 2005.

TINHORÃO, José Ramos. *História social da música popular brasileira*. São Paulo: Editora 34, 1998.

TOLEDO, Roberto Pompeu. *A capital da solidão*: uma história de São Paulo das origens a 1900. Rio de Janeiro: Objetiva, 2003.

UNESCO. Coleção História Geral de África (HGA). Brasília, DF: Unesco, 2010.

VARGAS, Suzana. *Leitura*: uma aprendizagem de prazer. Rio de Janeiro: José Olympio, 2009.

WALDMAN, Maurício; SERRANO, Carlos. *Memória d'África:* a temática africana em sala de aula. 3. ed. São Paulo: Cortez, 2010.

Ficção e poesia

AARDEMA, Verna. *Por que a avestruz tem pescoço tão comprido.* Ilustrações de Marcia Brown. São Paulo: Brinque-Book, 1997.

_____. *Por que os mosquitos zunem no ouvido da gente.* Tradução de Gian Calvi. Ilustrações de Leo e Diane Dillon. São Paulo: Global, 2005.

AGUALUSA, José Eduardo. *O filho do vento.* Ilustrações de António Ole. Rio de Janeiro: Língua Geral, 2006. (Mama África).

ALENCAR, José de. *O Guarani.* São Paulo: Martin Claret, 2002.

ALMEIDA, Gercilga. *Bruna e a galinha d'Angola.* Ilustrações de Valéria Saraiva. Rio de Janeiro: Pallas, 2006.

AMADO, Jorge. *Gabriela, cravo e canela.* São Paulo: Companhia das Letras, 2008.

ANDRADE, Inaldete Pinheiro de. *Pai Adão era Nagô*. Recife: Centro de Cultura Luiz Freire, 1989.

ANTONIO, Luiz. *Minhas contas*. Ilustrações de Daniel Kondo. São Paulo: Cosac Naify, 2008.

_____. *Uma princesa nada boba*. Ilustrações de Bel Carpenter. São Paulo: Cosac Naify, 2011.

ASARE, Meshack. *O chamado de Sosu*. Tradução de Maria Dolores Prades. Ilustrações do autor. São Paulo: Edições SM, 2011.

AZEVEDO, Ricardo. *Armazém do folclore*. Ilustrações do autor. São Paulo: Ática, 2000.

_____. *Cultura da terra*. Ilustrações do autor. São Paulo: Moderna, 2011.

_____. *Meu livro de folclore*. Ilustrações do autor. São Paulo: Ática, 1999.

BADOE, Adwoa. *Histórias de Ananse*. Tradução de Marcelo Pen. Ilustrações de Wagué Diakité. São Paulo: Edições SM, 2006.

BARBOSA, Rogério Andrade. *Bichos da África*: lendas e fábulas. Ilustrações de Ciça Fittipaldi. São Paulo: Melhoramentos, 1987-1988. v. I, II, III e IV.

_____. *Como as histórias se espalharam pelo mundo*. Ilustrações de Graça Lima. São Paulo: DCL, 2002.

_____. *Contos africanos de adivinhação*. Ilustrações de Maurício Veneza. São Paulo: Paulinas, 2009.

_____. *Contos africanos para crianças brasileiras*. Ilustrações de Maurício Veneza. São Paulo: Paulinas, 2004.

BARBOSA, Rogério Andrade. *Contos ao redor da fogueira*. Ilustrações de Ciça Fittipaldi. Rio de Janeiro: Agir, 1990.

_____. *Duula, a mulher canibal:* um conto africano. Ilustrações de Graça Lima. São Paulo: DCL, 2005.

_____. *Histórias africanas para contar e recontar.* Ilustrações de Graça Lima. Rio de Janeiro: Editora do Brasil, 2008.

_____. *Histórias que nos contaram em Luanda.* Ilustrações de Jô Oliveira. São Paulo: FTD, 2009.

_____. *Jambo!:* uma manhã com os bichos da África. Ilustrações de Edu Engel. São Paulo: Melhoramentos, 2010.

_____. *Kalahari:* uma aventura no deserto africano. Ilustrações de Rosinha Campos. São Paulo: Melhoramentos, 2009.

_____. *Madiba, o menino africano.* Ilustrações de Alarcão. São Paulo: Cortez, 2011.

_____. *Ndule Ndule:* assim brincam as crianças africanas. Ilustrações de Edu Rangel. São Paulo: Melhoramentos, 2011.

_____. *Nyangara Shena*: a cobra curandeira. Ilustrações de Salmo Dansa. São Paulo: Scipione, 2006.

_____. *O filho do vento.* Ilustrações de Graça Lima. São Paulo: DCL, 2001.

_____. *O segredo das tranças e outras histórias africanas.* Ilustrações de Thaís Linhares. São Paulo: Scipione, 2007.

_____. *Os gêmeos do tambor.* Ilustrações de Ciça Fittipaldi. São Paulo: DCL, 2006.

BARBOSA, Rogério Andrade. *Os irmãos zulus*. Ilustrações de Ciça Fittipaldi. São Paulo: Larousse, 2006.

_____. *Os três presentes mágicos*. Ilustrações de Salmo Dansa. Rio de Janeiro: Record, 2007.

_____. *Outros contos africanos para crianças brasileiras*. Ilustrações de Maurício Veneza. São Paulo: Paulinas, 2006.

_____. *Sundjata, o Príncipe Leão*. Ilustrações de Roger Mello. Rio de Janeiro: Agir, 1995.

_____. *Uma ideia luminosa*. Ilustrações de Thais Linhares. Rio de Janeiro: Pallas, 2007.

BARROS, Manoel de. *Ensaios fotográfico*s. Rio de Janeiro: Record, 2000.

BELÉM, Valéria. *O cabelo de Lelê*. Ilustrações de Adriana Mendonça. São Paulo: Ibep Nacional, 2007.

BERMOND, Monique; D'ALENÇON, May; WEULERSSE, Odile. *3 contes d'Afrique*. Ilustrações de Kersti Chaplet. Paris: Flammarion, 2002.

BLOCH, Pedro. *Dito, o negrinho da flauta*. Ilustrações de Marcelo Cipis. São Paulo: Moderna, 2004.

BOJUNGA, Lygia. *Angélica*. Ilustrações de Vilma Pasqualini. 23. ed. Rio de Janeiro: Casa Lygia Bojunga, 2004.

BORGES, Rogério. *O negrinho Ganga Zumba*. Ilustrações do autor. Rio de Janeiro: Editora do Brasil, 1988.

BRAGA-TORRES, Angela. *Contando a arte de Di Cavalcanti*. São Paulo: Noovha América, 2004.

BARRETO, Lima *et al. Contos do mar sem fim.* Rio de Janeiro: Pallas, 2010.

BRAZ, Júlio Emílio. *Felicidade não tem cor.* Ilustrações de Odilon Moraes. São Paulo: Moderna, 2011.

_____. *Lendas negras.* Ilustrações de Salmo Dansa. São Paulo: FTD, 2001.

_____. *Moçambique.* Ilustrações de Cárcamo. São Paulo: Moderna, 2011.

_____. (Adapt.). *Sikulume e outros contos africanos.* Ilustrações de Luciana Justiniani. Rio de Janeiro: Pallas, 2008.

BRENMAN, Ilan. *África.* Ilustrações de Fernando Vilela. São Paulo: Moderna, 2008.

CASTANHA, Marilda. *Agbalá, um lugar-continente.* Ilustrações da autora. São Paulo: Cosac Naify, 2007.

CHAIB, Lidia; RODRIGUES, Elizabeth. *Ogum, o rei de muitas faces e outras histórias dos orixás.* Ilustrações de Miadaira. São Paulo: Companhia das Letras, 2000.

CHAMBERLAIN, Mary; CHAMBERLAIN, Rich. *As panquecas de Mama Panya.* Tradução de Cláudia Ribeiro Mesquita. Ilustrações de Cairns. São Paulo: Edições SM, 2005.

CONWAY, David. *Lila e o segredo da chuva.* Tradução de Marcelo Jordão. Ilustrações de Jude Daly. São Paulo: Biruta, 2010.

COOKE, Trish. *Tanto, tanto!* Tradução de Ruth Salles. Ilustrações de Helen Oxembury. São Paulo: Ática, 1997.

COUTO, Mia. *A chuva pasmada.* Ilustrações de Danuta Wojciechowska. Lisboa: Editorial Caminho, 2004.

COUTO, Mia. *O beijo da palavrinha*. Ilustrações de Malangatana. Rio de Janeiro: Língua Geral, 2006. (Mama África).

_____. *O gato e o escuro*. Ilustrações de Marilda Castanha. São Paulo: Companhia das Letrinhas, 2008.

CRUZ, Nelson. *Chica e João*. Ilustrações do autor. São Paulo: Cosac Naify, 2008.

CUNHA, Carolina. *ABC Afro-brasileiro*. Ilustrações da autora. São Paulo: Edições SM, 2009.

_____. *Aguemon*. Ilustrações da autora. São Paulo: Martins Fontes, 2002.

_____. *Caminhos de Exu*. São Paulo: Edições SM, 2005. v. 10. (Coleção Barco a Vapor. Série Azul).

_____. *Eleguá*. Ilustrações da autora. São Paulo: Edições SM, 2007. (Coleção Histórias do Okú Lái Lái).

_____. *Mestre gato e comadre onça, uma história de capoeira*. Ilustrações da autora. São Paulo: Edições SM, 2011.

DALY, Niki. *Cadê você, Jamela?* Tradução de Luciano Machado. Ilustrações do autor. São Paulo: Edições SM, 2007.

_____. *Feliz aniversário, Jamela!* Tradução de Isa Mesquita. Ilustrações do autor. São Paulo: Edições SM, 2006.

_____. *O que tem na panela, Jamela?* Tradução de Luciano Machado. Ilustrações do autor. São Paulo: Edições SM, 2007.

DESNOËTTES, Caroline; HARTMANN, Isabelle. *Batuque de cores*. Ilustrações de Isabelle Hartmann. São Paulo: Companhia das Letrinhas, 2009.

DINIZ, André. *A cachoeira de Paulo Afonso.* Ilustrações do autor. Rio de Janeiro: Pallas, 2011.

DIOUF, Sylviane A. *As tranças de Bintou.* Tradução de Charles Cosac. Ilustrações de Shane W. Evans. São Paulo: Cosac Naify, 2004.

FEIST, Hildegard. *Arte africana.* Ilustrações de Luciana Hees. São Paulo: Moderna, 2010.

FERNANDES, Maria Celestina. *A árvore dos gingongos.* Ilustrações de Jô Oliveira. São Paulo: DCL, 2009.

FITTIPALDI, Ciça. *O homem que casou com a sereia.* Ilustrações da autora. São Paulo: Scipione, 1989.

FRANÇA, Eliardo. *O rei de Quase-Tudo.* Rio de Janeiro: Mary & Eliardo França Editora, 2008.

GOMES, Laurentino. *1808*: como uma rainha louca, um príncipe medroso e uma corte corrupta enganaram Napoleão e mudaram a História de Portugal e do Brasil. Ilustrações de Rita Bromberg Brugger. São Paulo: Planeta Jovem, 2008. (Edição Juvenil Ilustrada).

GONÇALVES, Zetho Cunha. *A caçada real.* Ilustrações de Roberto Chichorro. São Paulo: Matrix, 2011.

_____. *Brincando, brincando não tem macaco troglodita.* Ilustrações de Roberto Chichorro. São Paulo: Matrix, 2011.

_____. *Debaixo do arco-íris não passa ninguém.* Ilustrações de Roberto Chichorro. Rio de Janeiro: Língua Geral, 2006.

_____. *Rio sem margem*: poesia da tradição oral. Vila Nova de Cerveira: Nóssomos, 2011.

GUIMARÃES, Geni. *A cor da ternura.* Ilustrações de Saritah Barboza. São Paulo: FTD, 1990.

HALEY, Gail E. *Baú de histórias.* Tradução de Gian Calvi. Ilustrações da autora. São Paulo: Global, 2006. (Crianças Criativas).

HOMERO. *Ilíada/Odisseia.* Tradução de Carlos Alberto Mendes. Rio de Janeiro: Ediouro, 2009.

JECUPÉ, Kaká Werá. *As fabulosas fábulas de Iauaretê.* Ilustrações de Sawara. São Paulo: Peirópolis, 2007.

JOSÉ, Elias. *A festa da princesa, que beleza!* Ilustrações de Rosinha Campos. São Paulo: DCL, 2005.

JUNQUEIRA, Sonia. *Pedrinho, cadê você?* Ilustrações de Mariângela Haddad. Belo Horizonte: Autêntica, 2011.

KILAKA, John. *A árvore maravilhosa.* Tradução de Christine Röhrig. Ilustrações do autor. São Paulo: Martins Livraria, 2010.

KOUROUMA, Ahmadou. *Homens da África.* Tradução de Roberta Barni. Ilustrações de Giorgio Bacchin. São Paulo: Edições SM, 2011.

LIMA, Heloisa Pires; ANDRADE, Rosa Maria. *Lendas da África Moderna.* Ilustrações de Denise Nascimento. São Paulo: Elementar, 2010.

_____; GNEKA, Georges; LEMOS, Mário. *A semente que veio da África.* Ilustrações de Véronique Tadjo. São Paulo: Salamandra, 2005.

LOBATO, Monteiro. *Histórias de Tia Nastácia.* Ilustrações de André Le Blanc. São Paulo: Brasiliense, 1952.

_____. *Os doze trabalhos de Hércules.* Ilustrações de J. U. Campos. São Paulo: Brasiliense, 1952. 2 v.

LODY, Raul. *As Gueledés, a festa das máscaras.* Ilustrações do autor. Rio de Janeiro: Pallas, 2010.

_____. *Seis pequenos contos africanos sobre a criação do mundo e do homem.* Ilustrações do autor. Rio de Janeiro: Pallas, 2007.

LONGEVO, Eduardo (Adapt.). *O Coelho e a Onça:* histórias brasileiras de origem africana. Ilustrações de Denise Nascimento. São Paulo: Paulinas, 2010.

LOPES, Leão. *Unine.* Praia: Embaixada de Portugal em Cabo Verde; Instituto Camões; 1998.

LOUDE, Jean-Yves. *O fantasma do Tarrafal.* Ilustrações de Alex Godard. Belo Horizonte: Alis, 2008.

MAATHAI, Wangari. *Inabalável.* Tradução de Janaína Senna. Rio de Janeiro: Nova Fronteira, 2007.

MACHADO, Ana Maria. *Do outro lado tem segredos.* Imagens de Guto Lins. Rio de Janeiro: Nova Fronteira, 2005.

_____. *Era uma vez um tirano.* Ilustrações de José Carlos Lollo. São Paulo: Salamandra, 2003.

_____. *Menina bonita do laço de fita.* Ilustrações de Claudius. São Paulo: Ática, 2000.

MANDELA, Nelson (Recolha). *Meus contos africanos.* Tradução de Luciana Garcia. Vários ilustradores. São Paulo: Martins Fontes, 2009.

MANJATE, Rogério. *O coelho que fugiu da história.* Ilustrações de Florence Breton. São Paulo: Ática, 2008.

MARTIN, Francesca. *Os caçadores de mel.* Tradução de Ana Maria Machado. Ilustrações da autora. Rio de Janeiro: Salamandra, 2007.

MARTINS, Adilson. *Erinlé, o caçador e outros contos africanos*. Ilustrações de Luciana Justiniani Hees. Rio de Janeiro: Pallas, 2009.

_____. *Lendas de Exu*. Rio de Janeiro: Pallas, 2008.

_____. *O papagaio que não gostava de mentiras e outras fábulas africanas*. Ilustrações de Luciana Justiniani Hees. Rio de Janeiro: Pallas, 2009.

MARTINS, Georgina Costa. *Com quem será que me pareço?* Ilustrações de Fávio Fargas. São Paulo: Planeta, 2007.

_____. *Fica comigo*. Ilustrações de Elisabeth Teixeira. São Paulo: DCL, 2001.

_____. *Minha família é colorida*. Ilustrações de Maria Eugênia. São Paulo: Edições SM, 2005.

_____. *Uma maré de desejos*. Ilustrações de Cris Eich. São Paulo: Ática, 2005.

_____; TELLES, Teresa. *Meu tataravô era africano*. Ilustrações de Marcelo Negro. São Paulo: DCL, 2006.

MEDEARIS, Ângela Shelf. *Os sete novelos*. Tradução de Lílian Jenkino. Ilustrações de Daniel Minter. São Paulo: Cosac Naify, 2005.

MEIRELES, Cecília. *Ou isto ou aquilo*. 2. ed. Ilustrações e planejamento gráfico de Eleonora Affonso. Rio de Janeiro: Civilização Brasileira, 1977.

MHLOPHE, Gcina. *Histórias da África*. Ilustrações de Kalle Becker *et al*. São Paulo: Paulinas, 2007.

MILWAY, Katie Smith. *De grão em grão, o sucesso vem na mão*. Tradução de Antonio Carlos Vilela. Ilustrações de Eugenie Fernandes. São Paulo: Melhoramentos, 2008.

MUNDURUKU, Daniel. *As serpentes que roubaram a noite e outros mitos*. Ilustrações de crianças munduruku da aldeia Katõ. São Paulo: Peirópolis, 2001.

_____. *Meu avô Apolinário:* um mergulho no rio da (minha) memória. São Paulo: Livros Studio Nobel, 2003.

NIVOLA, Claire A. *Plantando as árvores do Quênia*. Tradução de Isa Mesquita. São Paulo: Edições SM, 2010.

OBAMA, Barack. *A origem dos meus sonhos*. Tradução de Sonia Araujo, Irati Antonio e Renata Laureano. São Paulo: Gente, 2008.

OLIVEIRA, Alaíde Lisboa. *A bonequinha preta*. Ilustrações de Ana Raquel. Belo Horizonte: Lê, 2004.

OLIVEIRA, Ieda de. *A serpente de Olumo*. Ilustrações de Roberto Melo. São Paulo: Cortez, 2006.

OLIVEIRA, Rui. *África eterna*. Ilustrações do autor. São Paulo: FTD, 2010.

_____. *Três anjos mulatos do Brasil*. Ilustrações do autor. São Paulo: FTD, 2011.

ONDJAKI. *AvóDezanove e o segredo do soviético*. São Paulo: Companhia das Letras, 2009.

_____. *Há prendisajens com o xão* (o segredo húmido da lesma & outras descoisas). Rio de Janeiro: Pallas, 2011.

_____. *O leão e o coelho saltitão*. Ilustrações de Rachel Caiano. Rio de Janeiro: Língua Geral, 2006. (Mama África).

_____. *Os da minha rua*. Rio de Janeiro: Língua Geral, 2007.

ONDJAKI. *Ynari*: a menina das cinco tranças. Ilustrações de Joana Lira. São Paulo: Companhia das Letrinhas, 2010.

ORTHOF, Sylvia. *Leãozinho feroz da fina voz*. Ilustrações de Tato. Rio de Janeiro: Memórias Futuras, 1986.

_____. *Mudanças no galinheiro mudam as coisas por inteiro*. Ilustrações de Gê Orthof. Rio de Janeiro: Memórias Futuras, 1985.

_____. *O Rei Preto de Ouro Preto*. Ilustrações de Rogério Borges. São Paulo: Global, 2007.

_____. *Ponto de tecer poesia*. Ilustrações de Gê Orthof. Rio de Janeiro: EBAL, 1987.

ORWELL, George. *A revolução dos bichos*. Tradução de Heitor Ferreira. São Paulo: Círculo do Livro, [s.d.].

PEPETELA. *A gloriosa família*: o tempo dos flamengos. Rio de Janeiro: Nova Fronteira, 1999.

_____. *O planalto e a estepe*. São Paulo: Leya, 2009.

_____. *Predadores*. Rio de Janeiro: Língua Geral, 2008.

PEREIRA, Edimilson. *Histórias trazidas por um cavalo-marinho*. Ilustrações de Denise Nascimento. São Paulo: Paulinas, 2007.

_____. *Os reizinhos do Congo*. Ilustrações de Graça Lima. São Paulo: Paulinas, 2004.

_____. *Rua Luanda*. Ilustrações de Rubem Filho. São Paulo: Paulinas, 2007.

PESTANA, Maurício. *Rainha das águas*. Ilustrações do autor. São Paulo: Escala Educacional, 2011. (Mãe África.)

PINTO, Neusa Baptista. *Cabelo ruim?* Ilustrações de Nara Silver. Cuiabá: Tanta Tinta, 2007.

PINTO, Ziraldo Alves. *O menino marrom.* Ilustrações do autor. São Paulo: Melhoramentos, 1990.

PRANDI, Reginaldo. *Contos e lendas afro-brasileiros:* a criação do mundo. Ilustrações de Joana Lira. São Paulo: Companhia das Letrinhas, 2007.

_____. *Ifá, o adivinho.* Ilustrações de Pedro Rafael. São Paulo: Companhia das Letrinhas, 2002.

_____. *Os príncipes do destino*: histórias da mitologia afro-brasileira. Ilustrações de Paulo Monteiro. São Paulo: Cosac Naify, 2001.

_____. *Oxumarê, o arco-íris.* Ilustrações de Pedro Rafael. São Paulo: Companhia das Letrinhas, 2005.

_____. *Xangô, o trovão.* Ilustrações de Pedro Rafael. São Paulo: Companhia das Letrinhas, 2003.

QUEIRÓS, Bartolomeu Campos de. *Correspondência.* Ilustrações de Ângela Lago. Belo Horizonte: RHJ, 2004.

RIBEIRO, José Luiz. *O rei de quase tudo.* Rio de Janeiro: Mary & Eliardo França Editora, 2004.

ROCHA, Ruth. *O amigo do rei.* Ilustrações de Cris Eich. São Paulo: Salamandra, 2009.

_____. *O reizinho mandão.* Ilustrações de Walter Ono. São Paulo: Quinteto Editorial, 1997.

ROCHAEL, Denise. *Brasil em preto e branco.* Ilustrações da autora. São Paulo: Cortez, 2005.

ROSA, Sonia. *Capoeira.* Ilustrações de Rosinha de Campos. Rio de Janeiro: Pallas, 2004.

ROSA, Sonia. *Feijoada*. Ilustrações de Rosinha de Campos. Rio de Janeiro: Pallas, 2004.

_____. *Jongo*. Ilustrações de Rosinha de Campos. Rio de Janeiro: Pallas, 2004.

_____. *Maracatu*. Ilustrações de Rosinha de Campos. Rio de Janeiro: Pallas, 2004.

_____. *O menino Nito*. Ilustrações de Victor Tavares. Rio de Janeiro: Pallas, 2002.

_____. *Palmas e vaias*. Ilustrações de Salmo Dansa. Rio de Janeiro: Pallas, 2009.

_____. *Os tesouros de Monifa*. Ilustrações de Rosinha. São Paulo: Brinque Book, 2009.

RUFFATO, Luiz (Org.). *Questão de pele*. Rio de Janeiro: Língua Geral, 2009.

RUI, Manuel. *Quem me dera ser onda*. Rio de Janeiro: Gryphus, 2007.

RUMFORD, James. *Chuva de manga*. Ilustrações do autor. São Paulo: Brinque Book, 2006.

SACRANIE, Magdalene. *O amuleto perdido e outras lendas africanas*. Ilustrações de Sarah Bramley. São Paulo: Panda Books, 2010.

SANDRONI, Luciana. *Um quilombo no Leblon*. Ilustrações de Carla Irusta. Rio de Janeiro: Pallas, 2011.

SANTA ROSA, Nereide Schilaro. *A arte de olhar famílias*. São Paulo: Scipione, 2003. (A Arte de Olhar).

SANTOS, Joel Rufino dos. *A botija de ouro*. Ilustrações de ZéFlávio. São Paulo: Ática, 1984. (Curupira).

_____. *A Pirilampeia e os dois meninos de Tatipurum*. Ilustrações de Walter Ono. São Paulo: Ática, 2000.

SANTOS, Joel Rufino dos. *Cururu virou pajé*. Ilustrações de ZéFlávio. São Paulo: Ática, 1987. (Curupira).

_____. *Dudu Calunga*. Ilustrações de ZéFlávio. São Paulo: Ática, 1986. (Curupira).

_____. *Gosto de África:* histórias de lá e daqui. Ilustrações de Cláudia Scatamacchia. São Paulo: Global, 2005.

_____. *História de Trancoso*. Ilustrações de ZéFlávio. São Paulo: Ática, 1983. (Curupira).

_____. *Histórias de bichos*. Ilustrações de Cláudio Martins. Rio de Janeiro: José Olympio, 2010.

_____. *O caçador de lobisomem*. Ilustrações de Rogério Borges. São Paulo: Global, 2009.

_____. *O jacaré que comeu a noite*. Ilustrações de Eduardo Albini. Rio de Janeiro: José Olympio, 2007.

_____. *O noivo da cutia*. Ilustrações de Maria Teresa Lemos Fontão. São Paulo: Ática, 2008.

_____. *O presente de Ossanha*. Ilustrações de Maurício Veneza. São Paulo: Global, 2006.

_____. *O saci e o curupira*. Ilustrações de ZéFlávio. São Paulo: Ática, 1984. (Curupira).

_____. *O soldado que não era*. Ilustrações de Rogério Borges. São Paulo: Moderna, 2003.

_____. *Quando eu voltei, tive uma surpresa* (cartas a Nelson). Rio de Janeiro: Rocco, 2000.

_____. *Quatro dias de rebelião*. Ilustrações de Daniel Kondo. Rio de Janeiro: José Olympio, 2007.

SANTOS, Joel Rufino dos. *Rainha Quiximbi*. Ilustrações de ZéFlávio. São Paulo: Ática, 1986. (Curupira).

_____. *Zumbi*. Ilustrações de Rogério Borges. São Paulo: Global, 2006.

SAUERESSIG, Simone. *A estrela de Iemanjá*. Ilustrações de Maurício Veneza. São Paulo: Cortez, 2009.

SAÚTE, Nelson. *O homem que não podia olhar para trás*. Ilustrações de Roberto Chichorro. Rio de Janeiro: Língua Geral, 2006. (Mama África).

SAVAGET, Luciana. *Sua majestade, o elefante:* contos africanos. Ilustrações de Rosinha Campos. São Paulo: Paulinas, 2006.

SCHWARCZ, Lilia Moritz. *O sol do Brasil*. São Paulo: Companhia das Letras, 2008.

SELLIER, Marie. *A África, meu pequeno Chaka*. Tradução de Rosa Freire D'Aguiar. Ilustrações de Marion Lessage. São Paulo: Companhia das Letrinhas, 2006.

SISTO, Celso. *Mãe África*. Ilustrações do autor. São Paulo: Paulus, 2007.

SOLER-PONT, Anna. *O príncipe medroso e outros contos africanos*. Tradução de Luis Reys Gil. Ilustrações de Pilar Millan. São Paulo: Companhia das Letras, 2009.

SUNDAY (SUNNY), Ikechukwu Nkechi. *Ulomma*: a casa da beleza e outros contos. Ilustrações de Denise Nascimento. São Paulo: Paulinas, 2009.

TAL, Luís Fulano de. *A noite dos cristais*. São Paulo: Editora 34, 1999.

THEODORO, Helena. *Os ibejis e o carnaval*. Ilustrações de Luciana Justiniani Hees. Rio de Janeiro: Pallas, 2007.

VERGER, Pierre Fatumbi. *Lendas africanas dos orixás*. Ilustrações de Carybé. São Paulo: Corrupio, 1983.

VETILLO, Eduardo. *Palmares:* a luta pela liberdade (em quadrinhos). São Paulo: Cortez, 2009.

VIEIRA, Luandino *et al. Para gostar de ler:* contos africanos dos países de língua portuguesa. São Paulo: Ática, 2009.

XAVIER, Marcelo. *Festas*. Ilustrações do autor. Belo Horizonte: Formato, 2000.

_____. *Mitos*. Ilustrações do autor. Belo Horizonte: Formato, 1997.

YAMÃ, Yaguare. *Sehaypóri:* o livro sagrado do povo Saterê-Mawé. Ilustrações do autor. São Paulo: Peirópolis, 2007.

ZATZ, Lia. *Jogo duro*. Ilustrações de Robson Araújo. Belo Horizonte: Dimensão, 2004.

No mundo virtual

A ESCRITORA. Disponível em: <http://www.fae.ufmg.br/alaidelisboa/conteudo.htm>. Acesso em: out.-nov. 2011.

ARTE TINGA TINGA, DA TANZÂNIA. Disponível em: <http://www.tingatinga.info/tingatingaart.html>. Acesso em: out.-nov. 2011.

ARTHUR, Maria José. Ainda a propósito da Lei de Família: direitos culturais e direitos humanos das mulheres. *Outras vozes*. Disponível em: <http://www.wlsa.org.mz/?__target__=Tex_LFDireitosCultur>. Acesso em: out.-nov. 2011.

BABA, Wagué Diakité. Disponível em: <http://www.flogao.com.br/czeiger/124462815>. Acesso em: out.-nov. 2011.

BARREIROS, Ruth Ceccon. *A literatura infantil afro-brasileira e a formação leitora no Ensino Fundamental.* Disponível em: <http://alb.com/arquivo--morto/edicoes_anteriores/anais17/.../COLE_3659.pdf>. Acesso em: 17 ago. 2011.

CABO VERDE. Disponível em: <http://www.caboverde.com/ilhas/fogo/fogo-10.htm>. Acesso em: out.-nov. 2011.

CABO VERDE: festas. Disponível em: <http://pt.mydestination.com/capeverde/usefulinfo/6175377/festivals-and-traditions>. Acesso em: out.-nov. 2011.

CASA DAS ÁFRICAS. Disponível em: <http://www.casadasafricas.org.br>. Acesso em: out.-nov. 2011.

CELSO, Affonso. Porque me ufano de meu país. Disponível em: http://www.ebooksbrasil.org. Acesso em: out.-nov. 2011. (Digitalização de edição em papel: Laemert & C. Livreiros Editores, 1908).

CENTRO DE ESTUDOS AFRO-ORIENTAIS (CEAO). Disponível em: <http://www.afroasia.ufba.br>. Acesso em: out.-nov. 2011.

CONSULTA DE FOTO. Disponível em: <http://ahistoriabemnafoto05.blogspot.com/2007/09/depoimento-5.html>. Acesso em: out.-nov. 2011.

_____. Disponível em: <http://cantadordechula.wordpress.com/about/samba-chula/>. Acesso em: out.-nov. 2011.

_____. Disponível em: <http://www.quilombhoje.com.br/>. Acesso em: out.-nov. 2011.

_____. Disponível em: <http://www.africaeafricanidades.com/>. Acesso em: out.-nov. 2011.

_____. Disponível em: <http:// www.africa21digital.com/>. Acesso em: out.-nov. 2011.

CONSULTA DE FOTO. Disponível em: <http://acarauonline.blogspot. com/2011/09/ jose-ramos-tinhorao-historiador-com-ele.html>. Acesso em: out.-nov. 2011.

CORRÊA, Viriato. *Cazuza*. São Paulo: Companhia Editora Nacional, 1992. Disponível em: < http://pt.scribd.com>. Acesso em: out.-nov. 2011.

DEBUS, Eliane. *A literatura infantil contemporânea e a temática étnico-racial*: mapeando a produção. Disponível em: <http://alb.com.br/arquivo- -morto/edicoes_anteriores/anais16/sem08pdf/sm08ss12_06.pdf>. Acesso em: out.-nov. 2011.

_____. *Meninos e meninas negras na literatura infantil*. Disponível em: <http://www.periodicos.ufsc.br>. Acesso em: out.-nov. 2011.

_____; VASQUES, Margarida C. *A linguagem literária e a pluralidade cultural*: contribuições para uma reflexão étnico-racial na escola. Disponível em: <http://www.ucs.br/etc/revistas/index>. Acesso em: out.-nov. 2011.

ENTREVISTA DE JOSÉ LUANDINO VIEIRA A JOELMA G. DOS SANTOS, 2008. Disponível em: <http://www.revistainvestigacoes.com. br/Volumes/Vol.21.1>. Acesso em: out.-nov. 2011.

FERNANDES, Maria Celestina. *Surgimento e desenvolvimento da literatura infantil angolana pós-independência*. Disponível em: <http://www.ueangola. com>. Acesso em: out.-nov. 2011.

FUNDAÇÃO PIERRE VERGER. Disponível em: <http://www.pier- reverger.org>. Acesso em: out.-nov. 2011.

ILHA DO FOGO. Disponível em: <http://viajar.sapo.cv/cultura/arti- go/257>. Acesso em: out.-nov. 2011.

MODA-E-MODELOS/11938-turbante-na-cabeca. Disponível em: <www. geledes.org.br>. Acesso em: out.-nov. 2011.

MUNANGA, Kabengele (Org.). *Superando o racismo na escola*. Edições MEC/BID/Unesco Brasília, DF, 2005. Disponível em: http://portal. mec.gov.br/index>. Acesso em: out.-nov. 2011.

MUSEU AFRO BRASIL. Disponível em: <http://www.museuafrobrasil.com.br>. Acesso em: out.-nov. 2011.

ORIENTAÇÕES E AÇÕES PARA A EDUCAÇÃO DAS RELAÇÕES ÉTNICO-RACIAIS. Disponível em: <http://portal.mec.gov.br/dmdocuments/orientacoes_etnicoraciais.pdf>. Acesso em: out.-nov. 2011.

PEPETELA. *As aventuras de Ngunga* (sinopse). Disponível em: <http://www.portaldaliteratura.com/livros.php?livro=3592#ixzz1ZovBPSep>. Acesso em: out.-nov. 2011.

QUEIROZ, Francisco. A família em Angola e o Direito. *Jornal de Angola,* 25 set. 2011. Disponível em: <http://jornaldeangola.sapo.ao/19/0/a_familia_em_angola_e_o_direito>. Acesso em: out.-nov. 2011.

ROBERTO CHICHORRO. Disponível em: <http://www.buala.org/pt/cara-a-cara/a-arte-da-felicidade-e-uma-soma-de-cores-noctivagas--sobre-roberto-chichorro>. Acesso em: out.-nov. 2011.

UNESCO, Secad/MEC, UFSCar, 2010. Disponível em: <http://www.unesco.org/new/pt/brasilia/about-this-office/single->. Acesso em: out.-nov. 2011.

_____. Disponível em: <view/news/general_history_of_africa_collection_in_portuguese-1/>. Download gratuito (somente na versão em português). Acesso em: out.-nov. 2011.

_____. Disponível em: <http://igualdadenadiversidade.blogspot>. Acesso em: out.-nov. 2011.

_____. Disponível em: <http://ricardoriso.blogspot.com>. Acesso em: out.-nov. 2011.

VÁRIOS AUTORES. Princesas africanas. *Leituras Compartilha*das, revista de (in)formação para agentes de leitura, ano 9, fasc. 19, mar. 2009. Disponível em: <http://www. leiabrasil.org.br/index.php?leia=publicacoes>. Acesso em: out.-nov. 2011.

Agradecimentos

Instituições

- Casarão Austregésilo de Athayde
- Centro Educacional Anísio Teixeira
- Editora Cortez
- Editora Pallas
- Edições Paulinas
- Estação das Letras/Literárea
- Fundação Nacional do Livro Infantil e Juvenil – FNLIJ

Profissionais

- Amir Piedade
- Edna Bueno
- Elizabeth D'Angelo Serra
- João Melo
- Laura Sandroni
- Ondjaki
- Rogério Andrade Barbosa
- Suzana Vargas
- Zetho Cunha Gonçalves

Sobre as autoras e colaboradoras

As autoras desta obra fazem parte da Letra Falante, grupo de pesquisa de literatura infantil e juvenil, coordenado por Ninfa Parreiras. Criado em 2006, o grupo nasceu na Estação das Letras, espaço cultural dedicado às artes literárias, no Rio de Janeiro. As integrantes, estudiosas da literatura para crianças e jovens, desenvolvem diferentes projetos. A temática África na literatura infantil tem sido um dos temas de pesquisa da Letra Falante. As produções estão disponíveis em:

– Buala http://www.buala.org/pt/autor/letra-falante

– Dobras da Leitura

      http://www.dobrasdaleitura.com/ vitrine/letrafalante/200804africa.html

– Estação das Letras

      http://www.estacaodasletras.com.br/ letrafalante.html

Beatriz Moura

Tem participado de vários cursos na Estação das Letras (Escrita Criativa, Crônicas) e, há mais de cinco anos, no de Literatura Infantil e Juvenil. Formada no curso História da Arte (PUC-Rio). Frequentou por quatro anos a Escola de Artes Visuais – EAV, no Parque Lage, Rio de Janeiro.

Emilia Machado

Formada em Direito pela Universidade Cândido Mendes e em Teologia (PUC-Rio). Coordenou a produção editorial do livro *O turfe no Brasil – Histórias & vitórias*. Responsável pela produção do DVD *Racing in Brazil – 2008*, veiculado na edição 301 da revista *Courses & Elevage*. Por cinco anos, participou do curso de Literatura Infantil e Juvenil da Estação das Letras, no Rio de Janeiro.

Mariucha Rocha

Tem participado do curso de Literatura Infantil e Juvenil da Estação das Letras. É orientadora de produção editorial infantil para escolas, bibliotecas e pais. Por vinte anos, foi proprietária de uma livraria infantil no Rio de Janeiro. Especialista em Psicologia Infantil pela PUC-Rio e graduada pela Universidade Federal do Rio de Janeiro – UFRJ.

Ninfa Parreiras

Doutoranda em Literatura pela Universitat Auntònoma de Barcelona, mestre em Literatura Comparada pela USP, graduada em Letras e Psicologia pela PUC-Rio, autora de obras literárias e de ensaios, psicanalista da Sociedade de Psicanálise Iracy Doyle, especialista da Fundação Nacional do Livro Infantil e Juvenil, professora da Estação das Letras e Casa Lygia Bojunga, no Rio de Janeiro.

Tatiana Kauss

Formada em Ciências Econômicas e Moda. Possui experiência em pesquisas de literatura, monografias e resenhas de obras literárias. Tem participado do curso de Literatura Infantil e Juvenil da Estação das Letras.

Vânia Salek

Formada em Letras pela Universidade Federal do Rio de Janeiro, traduziu obras para as editoras Nova Fronteira e Guanabara Koogan. Por 30 anos, na direção da Creche Garatuja, dedicou-se à educação infantil. Como fruto dessa experiência, publicou *A criança até 4 anos – Um guia descomplicado para educadores (e pais curiosos)*, pela Summus. Autora do livro *Que sentido os sentidos têm?*, pela Gryphus.